DICO & COMPTINES

mon DICO des délices

HATIER

« De mère en fille, la bonne cuisine est une histoire de papilles. Un grand merci à Maman Myrtille. », Mymi Doinet

« À Witty. », Frédéric Rébéna

Illustrations des planches pages 98/99, 158/159 : Isabelle Assémat
Conception graphique et réalisation : Alain Bonaventure

Loi n° 49 956 du 16 juillet 1949 sur les publications destinées à la jeunesse.

DICO & COMPTINES

mon DICO des délices

Mymi Doinet

illustrations

Frédéric Rébéna

Buster Bone

Claire Frossard

HATIER

Un dictionnaire qui associe découverte et plaisir, pour donner le goût d'apprendre et l'envie de lire !

Conçu et écrit par Mymi Doinet, auteur à la plume pétillante et aux rimes espiègles, ce **dictionnaire thématique** s'adresse aux enfants de **5 à 8 ans**, de la **grande section de maternelle au CE2**.
Il permet de découvrir en douceur **l'univers de l'alimentation**, grâce aux **définitions simples**, aux **nombreuses illustrations** et aux **comptines**, qui mettent en scène les mots de façon amusante et poétique.
Enfin, pour associer **découverte** et **plaisir**, les enfants pourront retrouver sur le **CD audio** 11 comptines spécialement mises en musique pour l'ouvrage.

Liste des planches thématiques

Comment utiliser le dico des délices ?

Un visuel indique que l'enfant peut retrouver la comptine sur son CD.

Les mots définis sont en couleur et leur nature est indiquée.

Les définitions simples et précises sont souvent suivies d'une comptine, pour jouer avec les mots.

Chacune des 26 lettres de l'alphabet se présente dans ses différentes écritures.

Les indications de page renvoient aux planches thématiques.

La lettre-repère permet de se situer dans l'alphabet.

Chaque page d'ouverture propose une comptine illustrée mettant à la une la lettre concernée.

Les astérisques renvoient à des mots difficiles expliqués sur d'autres pages.

A a ɑ

Le repas des petits rats de l'Opéra

Un entrechat,
trois agiles pas,
do, ré, mi, sol, fa !
Pour rester légers comme ça,
quand les petits rats de l'Opéra,
prennent leur repas,
ils ne mangent pas de pizza,
ni de gâteau au chocolat,
ni, bien sûr, de glace au nougat !

Un entrechat,
trois agiles pas,
do, ré, mi, sol, fa !
Pour rester légers comme ça,
quand les petits rats de l'Opéra,
prennent leur repas,
ils savourent de l'ananas,
des tomates sans mozzarella,
et, bien sûr, pas de barbe à papa !

abricot (nom masculin). L'abricot est un fruit orange qui a un noyau et une peau toute douce. Il pousse sur un arbre qui s'appelle l'abricotier. Les abricots se mangent crus, cuits, en confiture, sur une tarte, ou encore secs.

Les arbres jongleurs

Dans le jardin d'Annette,
le bel abricotier
jongle avec le pommier.
Un à un, les deux amis
s'échangent leurs fruits exquis :
le bel abricotier
se couvre de pommes reinettes,
et le petit pommier, bravo,
rattrape les abricots !

acide (adjectif). Ce qui est acide pique la langue. Le citron et le vinaigre sont acides.

acidulé, acidulée (adjectif). Un aliment acidulé a un goût légèrement acide*. Certains bonbons sont acidulés.

agrume (nom masculin). Les agrumes sont des fruits à zeste* et à pépins. Découverts par les grands navigateurs, les premiers agrumes sont venus d'Asie. Les déguster, c'est faire le plein de vitamines*. Les citrons, les oranges, les clémentines, les mandarines, et les pamplemousses sont des agrumes.

ail (nom masculin). L'ail est une plante. Sa tête est composée de gousses* blanches à l'odeur très forte. Dans le gigot d'agneau, on pique des gousses d'ail pour parfumer la viande. Les Égyptiens, bâtisseurs des pyramides, mangeaient chaque jour une gousse d'ail pour prendre des forces.

À chacun son habit

Si les gousses d'ail portaient des chandails,
si les haricots verts enfilaient des pull-overs,
les joufflus potirons auraient des chapeaux ronds !

aïoli (nom masculin). L'aïoli est une mayonnaise faite avec des gousses* d'ail écrasées dans de l'huile d'olive.

aliment (nom masculin). Un aliment sert à nourrir les hommes ou les animaux. Les fruits, les légumes, les boissons, la viande sont des aliments.

Le caddie de Sandy

Quand la sorcière Sandy
fait ses courses le samedi,
elle remplit son caddie
de ses aliments préférés,
et suit sa liste, sans rien oublier :
une grande bouteille
de pur jus d'ortie,
sept sucettes
à la chauve-souris,
huit paquets de chips
au crapaud,
dix belles brochettes
de corbeaux,
et treize pots de pâte à tartiner
à la crème d'araignées !

alimentation (nom féminin). L'alimentation est la manière de se nourrir et l'ensemble des aliments consommés. Pour être en bonne santé, il faut avoir une alimentation équilibrée et manger de tout (voir pages 74/75 et 94/95).

amande (nom féminin). L'amande est un fruit à la coque verte qui contient une graine blanche que l'on mange. Les amandes poussent sur un arbre qui s'appelle l'amandier. On presse les amandes pour faire de l'huile. Elles servent aussi à fabriquer des dragées et de la pâte d'amandes.

amer, amère (adjectif). Ce qui est amer a un goût qui n'est pas doux et sucré. L'endive est amère.

ananas (nom masculin). L'ananas est un gros fruit* à la peau marron qui semble couverte d'écailles. Il fut découvert en Guadeloupe par le grand navigateur Christophe Colomb. Il peut se déguster frais ou en conserve*.

Le cocktail bonne mine

Ce matin, dans son lit à baldaquin,
la Belle au bois dormant s'est réveillée doucement.
Puis elle a siroté, avec son prince charmant,
un jus d'ananas et de mandarine,
pour avoir bonne mine !

anis (nom masculin). L'anis est une plante dont on utilise les graines pour parfumer certains bonbons et pâtisseries.

appétissant, appétissante (adjectif). Un aliment appétissant donne envie d'être mangé.

appétit (nom masculin). L'appétit, c'est l'envie de manger. Quand on fait du sport avant le repas, ça ouvre l'appétit.

Un appétit d'ogresse

Pour son petit-déjeuner,
la fille de l'ogre a dévoré
six saucissons et sept dindons.
Puis à midi, elle a englouti
onze oies et douze poulets rôtis.
Quel énorme appétit !

arachide (nom féminin). L'arachide est une plante des pays chauds. Ses fruits se développent sous la terre. Ils contiennent des graines qui portent le nom de cacahouètes. En pressant les graines de l'arachide, on fabrique de l'huile.

aromate (nom masculin). Les aromates sont des plantes parfumées qui servent à donner du goût aux aliments. On les appelle aussi des épices*.

artichaut (nom masculin). L'artichaut est une plante cousine du chardon qui ressemble à un gros bourgeon. On mange ses feuilles vertes et son cœur. En France, l'artichaut est surtout cultivé en Bretagne.

Les légumes patraques

Vite une ambulance,
les légumes vont aux urgences !
L'artichaut meurt de chaud,
les petits pois
grelottent de froid,
le melon a les oreillons,
et la scarole a la rougeole !

asperge (nom féminin). L'asperge est un légume allongé qui ressemble à un crayon. Les asperges peuvent se déguster avec de la vinaigrette.

assaisonner (verbe). Assaisonner un plat, c'est ajouter de la vinaigrette, du sel, des herbes* aromatiques ou des épices* pour lui donner plus de goût.

aubergine (nom féminin). L'aubergine est un fruit à la peau violette que l'on consomme comme un légume. Avec l'aubergine, on fait de la ratatouille*.

L'aubergine et le radis

Marie-Augustine, la belle aubergine,
dit à Eddy, le petit radis :
- J'aimerais bien me transformer
en bel escarpin verni,
pour aller au bal et danser,
jusqu'aux douze coups de minuit...
Mais Eddy n'est pas de cet avis :
- En gigotant ainsi dans la foule,
tu auras des ampoules !

avaler (verbe). Avaler un aliment ou une boisson, c'est les faire passer par la gorge pour qu'ils descendent dans l'estomac.

avocat (nom masculin). L'avocat est un fruit qui ressemble à une poire. Sous sa chair verte, il cache un gros noyau lisse. Il pousse dans les pays chauds, sur un arbre qui s'appelle l'avocatier.

Drôle d'œuf dur

Le noyau de l'avocat ressemble à un œuf de poule.
Mais inutile de le cuire dans ta soupière,
il est déjà dur comme de la pierre !

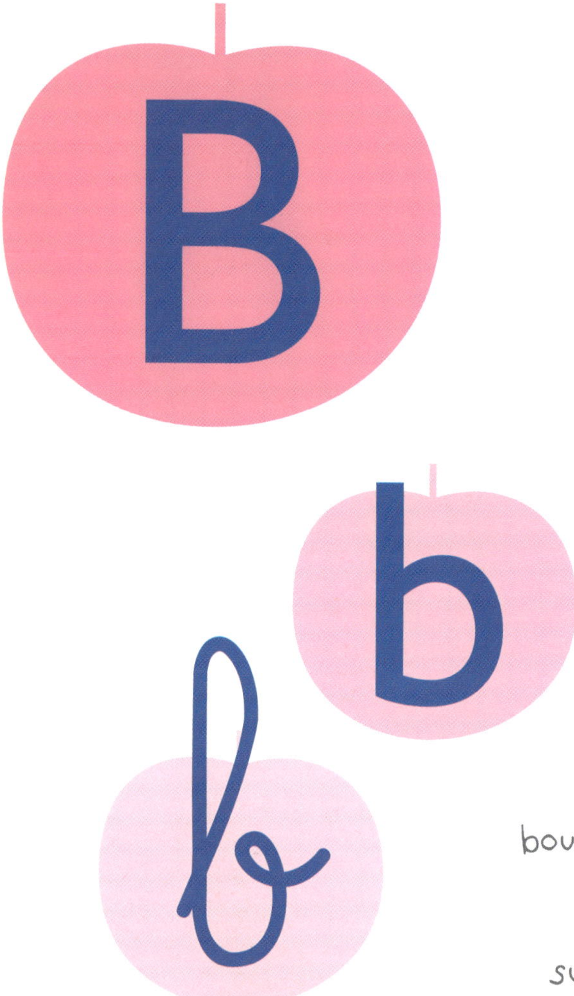

Le bavoir de Betty

Sur le bavoir blanc de Betty,
il y a beaucoup de taches de bouillie !

Sur le bavoir blanc de Betty,
regarde bien, il y a aussi :

Un petit rond jaune canari,
ça, c'est une tache de biscuit !

Un rond beige et rose bonbon,
ça, c'est une tache de brugnon !

Un long barbouillis bleu clair,
bouh ! Ça, c'est une larme de bébé en colère.

Mais, regarde encore,
sur le bavoir blanc de Betty, il y a aussi :

Un rond baveux tout doux,
ça, c'est une tache de bisou !

baguette (nom féminin). **1.** La baguette est un pain long et mince qui pèse 250 grammes (voir pages 16/17). **2.** Les baguettes sont aussi les bâtons dont se servent les Asiatiques pour manger.

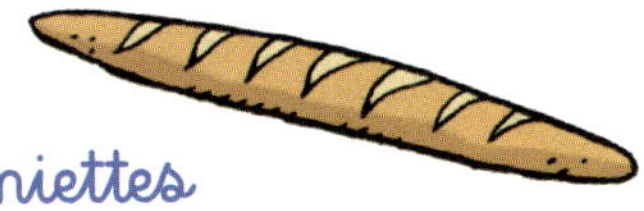

La valse des miettes

Dans la boulangerie
de madame Margerie,
les miettes volettent,
quand les baguettes
font des claquettes !

bain-marie (nom masculin). Quand on fait cuire un aliment au bain-marie, on le fait chauffer dans un récipient qui baigne dans une casserole remplie d'eau bouillante.

banane (nom féminin). La banane est un fruit à la peau jaune et épaisse. Les bananes poussent dans les pays chauds sur le bananier, une plante qui peut mesurer 8 mètres de haut. La banane se mange souvent crue ou parfois cuite sur des tartes.

barbe à papa (nom féminin). La barbe à papa est une sucrerie. Elle est faite de filaments de sucre enroulés autour d'un bâtonnet. On déguste des barbes à papa dans les fêtes foraines.

La barbe de mon papa

Si mon papa avait une barbe à papa,
elle serait douce comme la mousse,
et sucrée comme le chocolat.
Seulement, voilà, la barbe de mon papa
pique aussi fort, scrogneugneu,
que celle de Barbe-Bleue !

barbecue (nom masculin). Le barbecue est un appareil de cuisson. L'été, on l'installe dehors pour griller de la viande ou du poisson. On peut alors se régaler de sardines grillées et de brochettes.

battre (verbe). Battre un aliment, c'est le mélanger à vive allure. Il faut battre les jaunes d'œufs pour faire une mayonnaise ou battre les blancs pour faire de la meringue. On dit aussi fouetter. Pour que le mélange soit réussi, on peut utiliser un batteur électrique.

béchamel (nom féminin). La béchamel est une sauce préparée avec du lait, de la farine et du beurre. Elle doit son nom au marquis de Béchamel, qui organisait des festins pour le roi Louis XIV.

beignet (nom masculin). Un beignet est un aliment que l'on trempe dans de la pâte avant de le faire frire dans de l'huile bouillante. On peut faire des beignets de fruits, de légumes, de viande…

Des beignets en compote

À la fête foraine de la ville de Tours,
deux **beignets** et trois pommes d'amour
ont fait un grand tour d'autos tamponneuses.
Que de carambolages et de dérapages !
Les pommes d'amour, les malheureuses,
en sont ressorties toutes cabossées !

betterave (nom féminin). La betterave est une plante qui a une racine charnue en forme de grosse toupie. La betterave rouge a un goût sucré et se mange en salade. Avec le jus de la betterave blanche, on fabrique du sucre.

beurre (nom masculin). Le beurre est une matière grasse. On le fabrique avec la crème du lait, que l'on l'agite à toute vitesse. Pour faire 1 kilo de beurre, il faut environ 20 litres de lait. Le beurre peut se tartiner. On l'étale aussi au fond des moules à gâteaux pour empêcher la pâte de coller.

bifteck (nom masculin). Le bifteck est une tranche de viande de bœuf que l'on fait griller dans une poêle. Ce mot vient de l'anglais « beefsteak », qui veut dire « tranche de bœuf ».

bio (adjectif invariable). Bio est le diminutif de biologique. Les aliments bio sont cultivés ou fabriqués sans ajout de produits chimiques. Ils sont bons pour la santé et ont souvent beaucoup de goût. En cultivant des légumes bio, les agriculteurs ne polluent pas leurs champs.

biscotte (nom féminin). La biscotte est une tranche de pain de mie qui a été grillée au four.

biscuit (nom masculin). Les biscuits sont des petits gâteaux secs qui peuvent se conserver plusieurs jours.

Que faire avec un biscuit ?

Devine, c'est exquis,
tu peux lui croquer les oreilles,
le barbouiller avec du miel,
ou lui faire prendre un bon bain chaud
dans un plein bol de cacao !

blanquette (nom féminin). La blanquette est un ragoût* que l'on prépare le plus souvent avec de la viande de veau. On l'accompagne d'une sauce faite avec du beurre, de la farine et du bouillon de cuisson. La blanquette est souvent servie avec du riz.

Comment le blé devient baguette

Pour être transformé en pain,
les grains de blé suivent tout un parcours…

Des grains de blé aux épis

L'agriculteur laboure son champ, puis il sème les grains de blé dans les sillons avec une semeuse automatique. Une fois enfouis dans le sol, les grains germent et se transforment ensuite en petites pousses vertes qui sortent de terre. Au fil des semaines, les tiges grandissent. Chacune d'elle sera couronnée par un bel épi comptant 40 à 60 grains.

L'été, le temps de la moisson

Au mois d'août, le blé, doré par le soleil, est mûr et bon à récolter. Les moissonneuses batteuses le coupent, en séparant les grains de la paille, qui servira de litière au bétail.

Des grains à la farine

Ensuite, les grains sont moulus pour faire de la farine. Autrefois, ils étaient écrasés sous des meules de pierre : poussées par le vent, les ailes des moulins faisaient tourner les meules. Aujourd'hui, les grains sont broyés par des machines électriques.

Le travail du boulanger

Autrefois, le boulanger pétrissait sa pâte en mélangeant à la main la farine, la levure, le sel et l'eau. Avec cette pâte, il formait des boules. Voilà d'où vient le mot boulanger. Aujourd'hui, la pâte est malaxée automatiquement dans des pétrins électriques, sortes de grandes cuves où le boulanger verse tous les ingrédients nécessaires pour faire son pain. La pâte repose ensuite plusieurs heures. Pendant ce temps, sous l'action de la levure, des petites bulles de gaz la font gonfler.

Des pains pour tous les goûts

Le boulanger découpe ensuite dans la pâte des boules appelés les pâtons. Selon les différentes sortes de pains, les pâtons ne pèsent pas tous le même poids. Pour les baguettes, le boulanger sculpte de longs tuyaux de pâte de 250g environ. Pour les ficelles, il prépare des boudins plus fins. Et pour les pains de mie rectangulaires, il fait cuire la pâte dans des moules à cake. Selon son imagination, le boulanger ajoute dans son pain des cerneaux de noix, des morceaux d'olives, et parfois même du fromage ou des lardons.

Du pain doré à point

Le boulanger enfourne ses pâtons dans le four à l'aide d'une grande pelle. Quand le pain est cuit, avec sa croûte dorée cachant une mie bien levée, on l'entend craquer. Le boulanger dit alors que son pain chante.

A B C D E F G H I J K L M N O P Q R S T U V W X Y Z

blé (nom masculin). Le blé est une céréale* très ancienne : les hommes la consomment depuis plus de 12 000 ans. En haut de la tige, les grains de blé forment un épi. On les écrase pour les transformer en farine ou en semoule. Pour faire 75 kilos de farine, il faut 100 kilos de blé (voir pages 16/17).

blini (nom masculin). Les blinis sont des petites crêpes épaisses sur lesquelles on peut tartiner par exemple du tarama. C'est une spécialité russe (voir pages 152/153).

bœuf (nom masculin). Le bœuf est un gros mammifère faisant partie des animaux de la ferme. Il pèse en moyenne 900 kilos. On l'élève pour sa viande, que l'on achète chez le boucher. La vache est également un animal de la ferme élevé pour son lait et pour sa viande. Le veau est le petit de la vache. On mange sa viande en rôti, ou en escalope à la crème.

Où sont les meilleurs morceaux du bœuf ?

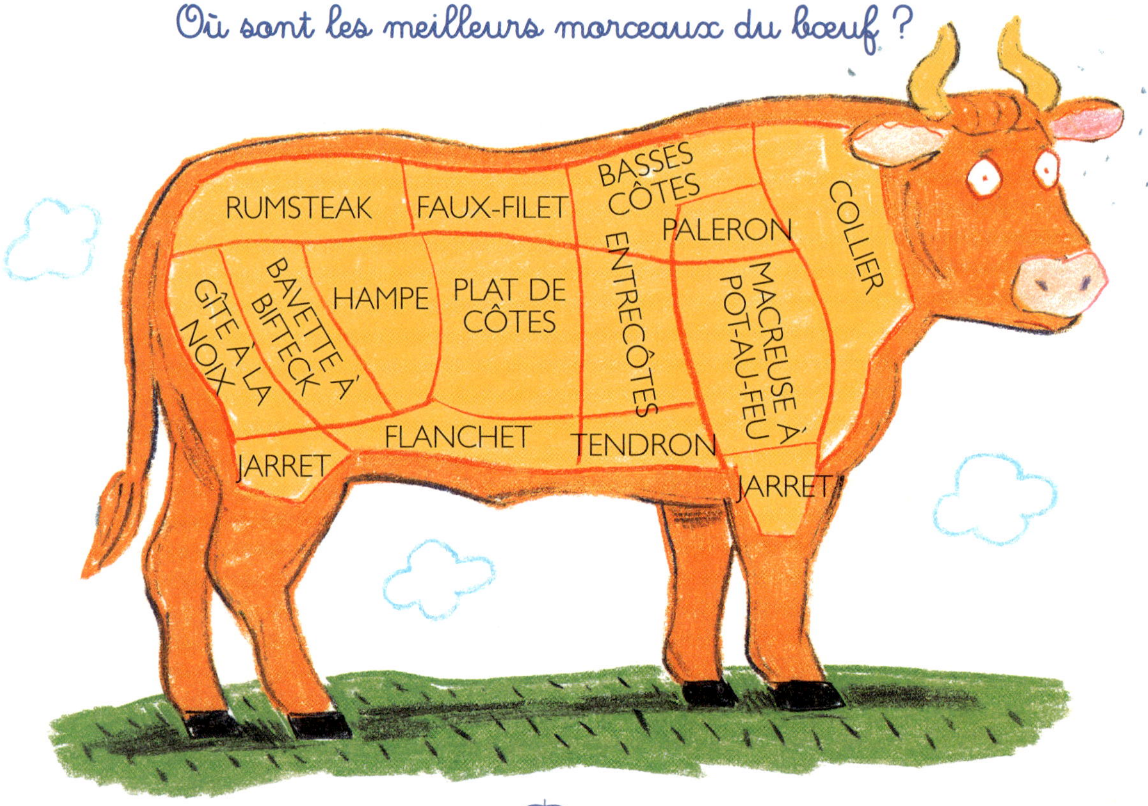

boire (verbe). Boire, c'est avaler une boisson. Boire est indispensable à la vie.

boisson (nom masculin). Une boisson, c'est ce que l'on boit. L'eau, le lait et les jus de fruits sont des boissons.

bon, bonne (adjectif). Ce qui est bon laisse un goût agréable sur la langue.

bonbon (nom masculin). C'est une friandise faite avec du sucre. On range les bonbons dans une bonbonnière. La confiserie est le magasin où ils sont vendus (voir pages 20/21).

Le goûter des oursons

Dans la confiserie de Dorothée,
quand vient l'heure du goûter,
les oursons en nougatine
se pourlèchent les babines,
devant les bonbons au miel,
et les sucettes au caramel !

bouchée (nom féminin). Une bouchée est une petite quantité de nourriture que l'on met dans sa bouche en une seule fois.

boudin (nom masculin). Le boudin noir est un morceau de charcuterie en forme de petit rouleau. Il est fait avec du sang et de la graisse de porc. Souvent, on le fait griller avec des pommes. Le boudin blanc est préparé avec du lait et de la mie de pain.

Bonbons et friandises

Le **calisson** est fait avec de la pâte d'amandes.

Le **chewing-gum** est une pâte faite à partir d'un liquide qui s'écoule du sapotier, un arbre d'Amérique centrale. Cette pâte ne fond pas dans la bouche. Le mot « chewing-gum » vient de l'anglais et veut dire « gomme à mâcher ».

Les **caramels** sont préparés avec du sucre cuit dans de l'eau.

La **dragée** est une amande enrobée dans du sucre.

La **guimauve** se présente sous la forme d'une pâte molle. Les guimauves sont aromatisées et colorées : celles à la framboise sont roses, celles à la vanille sont blanches.

Le **nougat** est fait avec des blancs d'œuf, des amandes, des noisettes, des pistaches et du miel.

La **nougatine** est une sorte de nougat très dur fait avec du caramel et des amandes grillées.

Les **pâtes de fruits** sont faites avec de la purée de fruits cuite dans du sucre, que l'on découpe ensuite en petits morceaux. Les pâtes de fruits sont multicolores : rouges quand elles sont à la fraise, vertes quand elles sont à la prune et jaunes pour celles au citron.

Une praline est une amande grillée enrobée dans du sucre. Les pralines peuvent être roses ou marrons.

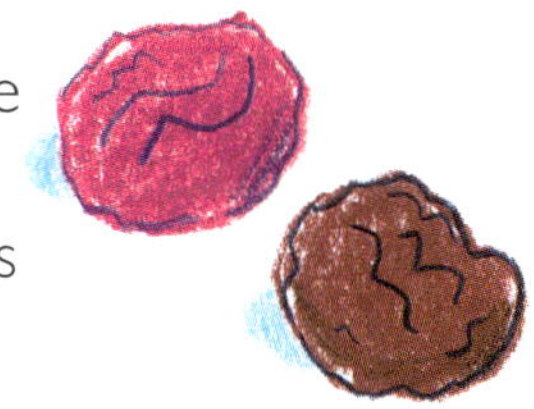

Les orangettes sont faites avec des écorces d'oranges découpées en bâtonnets et cuits dans un sirop de sucre. Puis on les plonge dans du chocolat fondu.

La réglisse est une plante qui a une racine parfumée. On en fait des rouleaux noirs qui se déroulent comme le fil d'une bobine.

Le roudoudou est une pâte sucrée souvent parfumée à la fraise ou au citron. Il se présente dans un moule en forme de coquillage.

Les sucres d'orge sont des bâtonnets ou des tortillons multicolores. On les fabrique avec du sirop de sucre parfumé avec de la fraise, du cassis ou d'autres fruits.

La sucette est faite avec du sucre auquel on ajoute des fruits, du caramel ou du chocolat. Elle est fixée au bout d'un bâton, ce qui évite de se salir les doigts.

Les truffes sont faites avec du chocolat fondu, que l'on mélange à du beurre ou de la crème fraîche, et des jaunes d'œufs. On laisse cette pâte refroidir, puis on forme des boulettes que l'on roule dans de la poudre de cacao.

Les marrons glacés sont préparés avec des marrons, fruits du châtaignier. On les trempe dans un sirop de sucre. En séchant, le sucre forme comme une couche de glace.

A B C D E F G H I J K L M N O P Q R S T U V W X Y Z

bouillabaisse (nom féminin). La bouillabaisse est une soupe faite avec différentes sortes de poissons. Cette recette provençale est surtout servie dans le Midi de la France.

bouillie (nom féminin). La bouillie est une préparation faite avec du lait et de la farine. C'est l'aliment principal des bébés.

bouillon (nom masculin). Le bouillon, c'est de l'eau dans laquelle on a fait bouillir des légumes ou de la viande.

bouteille (nom féminin). Une bouteille est un récipient en plastique ou en verre fermé par un bouchon ou une capsule. Elle peut contenir de l'eau, du jus de fruit, de l'huile, du lait…

brandade (nom féminin). La brandade est une recette provençale. On la fait avec de la morue émiettée, de l'huile d'olive et de l'ail que l'on mélange avec une purée de pommes de terre.

brick (nom masculin). Le brick vient d'Afrique du Nord. C'est une très fine crêpe que l'on garnit de viande hachée, de thon ou d'œuf, puis que l'on plie en triangle avant de la faire dorer dans de l'huile.

brioche (nom féminin). La brioche est une pâtisserie souvent de forme ronde, constituée d'une grosse boule coiffée d'une boule plus petite.

brochette (nom féminin). Une brochette est une tige de bois ou d'acier sur laquelle on enfile des morceaux de viande ou de poisson ainsi que des légumes, pour les faire griller au barbecue.

brocoli (nom masculin). Le brocoli est une sorte de chou-fleur venu d'Italie. On mange ses bouquets de fleurs vertes.

brownie (nom masculin). Le brownie est un gâteau fait avec du chocolat, des noix ou des noisettes. Cette recette vient des Etats-Unis.

brugnon (nom masculin). Le brugnon est un fruit cousin de la pêche mais dont la peau est lisse.

bûche (nom féminin). La bûche est un gâteau que l'on déguste à Noël. Elle semble couverte d'écorce, comme une branche d'arbre.

Le réveillon des lutins

Sur la bûche de Noël,
couverte de sucre et de gel,
Tim et Tom, les lutins polissons,
fêtent le réveillon à leur façon.
Tim savoure des branches de houx,
et trouve la pâte d'amandes fort à son goût.
Tom, lui, scie la bûche avec sa hachette,
et la grignote, miette après miette !

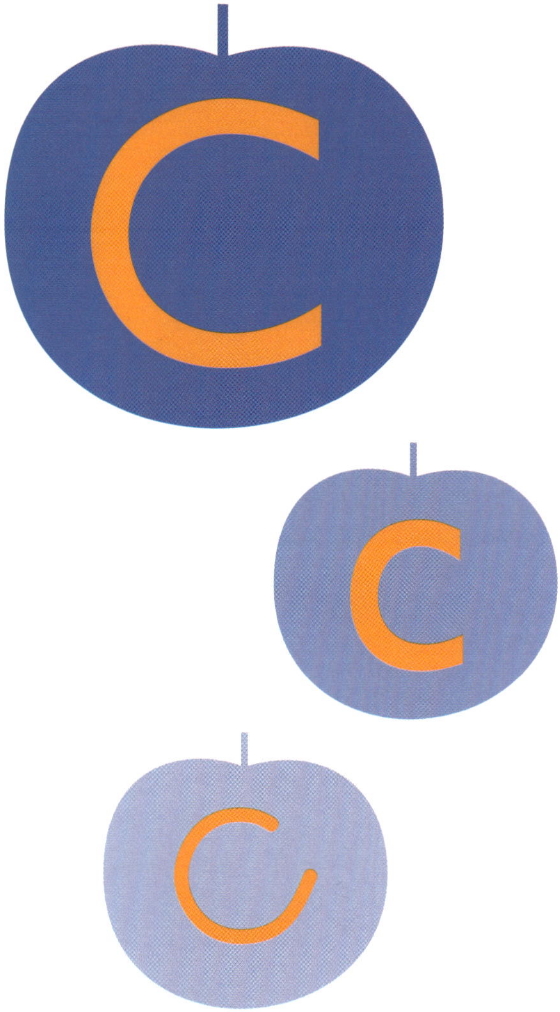

Charly le clown cuisinier

Croque croûton, croque biscuit,
qui veut goûter les recettes de Charly ?
Dans sa choucroute, ce drôle de clown a mis :
du chou farci et une boîte de calissons,
des cacahouètes et des cornichons !

Croque croûton, croque biscuit,
qui veut goûter les recettes de Charly ?
Dans son couscous, ce drôle de clown a mis :
des chips et des croissants croustillants,
des courgettes crues et du caramel coulant !

Croque croûton, croque biscuit,
qui veut goûter les recettes de Charly ?
Dans sa charlotte, ce drôle de clown a mis :
de la crème chantilly et des carottes,
un gros camembert et de la compote !

cacahouète (nom féminin). La cacahouète est le nom de la graine de l'arachide*. Les cacahouètes sont souvent servies salées à l'apéritif. Ce mot peut s'écrire cacahuète.

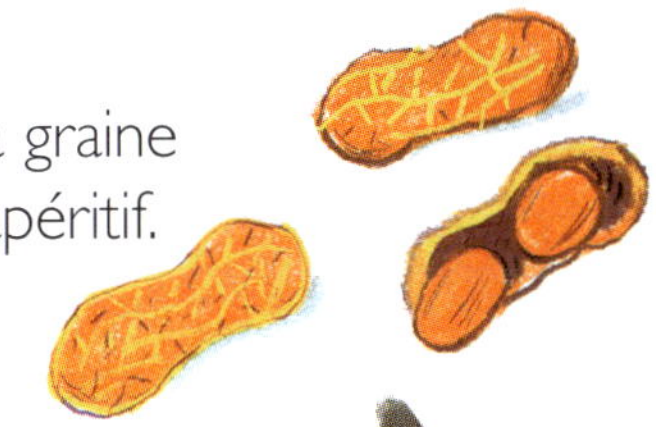

cacao (nom masculin). **1.** Le cacao vient d'un petit arbre, le cacaoyer. Les fruits du cacaoyer, les cabosses, sont remplies de graines. Ce sont les fèves de cacao. Avec le cacao, on fabrique le chocolat. **2.** C'est aussi une boisson faite avec de la poudre de cacao mélangée à du lait.

café (nom masculin). Le café vient d'un arbuste qui s'appelle le caféier. Cet arbuste donne des fruits rouges qui ressemblent à des cerises. Dans chaque fruit, il y a deux graines vertes. Après avoir été grillées, ces graines deviennent marron, puis elles sont moulues pour faire du café.

cake (nom masculin). Le cake est un gâteau garni de raisins secs et de fruits confits. En anglais, le mot « cake » veut dire « gâteau ».

calorie (nom féminin). Les calories sont la quantité d'énergie fournie par les aliments. L'huile et le beurre sont ceux qui en contiennent le plus. Les calories aident à lutter contre le froid. Mais il ne faut pas trop en manger, sinon on grossit et on fatigue son cœur.

Jouons à compter bon !

Entre 5 et 8 ans, à vos calculettes, on doit manger 1 400 à 2000 ***calories*** *par jour pour être un athlète ! Voici quelques exemples :*
une tomate = 15 calories • 1 bol de fraises = 36 calories • une banane = 83 calories • 10 chips = 100 calories • 1 chausson aux pommes = 300 calories • 100 grammes de frites = 283 calories • 1 tablette de 100 grammes de chocolat = 525 calories • 1 plaquette de 100 grammes de beurre = 755 calories

canard (nom masculin). Le canard fait partie des oiseaux de la basse-cour. On le mange souvent avec des navets ou des oranges ou laqué, comme dans la cuisine asiatique.

cantine (nom féminin). La cantine est le lieu où sont servis les repas à l'école ou au travail.

Un cuisinier rêveur

Le cuisinier de la cantine est étourdi.
Il nous distribue du beurre sans les radis,
et nous sert des bûches de Noël au chocolat,
alors que Pâques est déjà là !

câpre (nom féminin). Les câpres sont les boutons des fleurs qui poussent sur un arbuste appelé le câprier. On conserve ces petits boutons verts dans du vinaigre, et on les utilise pour parfumer les poissons et les pizzas.

caramel (nom masculin). On fait du caramel en cuisant du sucre dans de l'eau. Avec le caramel, on fait des bonbons, des gâteaux, des crèmes, des glaces…

carotte (nom féminin). La carotte est un légume dont on mange la racine croquante. On la sert souvent râpée ou cuite en purée.

cassis (nom masculin). Le cassis est un petit fruit noir et rond au goût un peu acide*. Il pousse sur un arbuste qui s'appelle le cassissier. Avec le cassis, on fait de la gelée, des tartes et du sirop.

cassoulet (nom masculin). Le cassoulet est un plat venu du Sud-Ouest de la France. C'est un ragoût* fait de haricots blancs cuits avec différentes viandes.

caviar (nom masculin). Le caviar est un hors-d'œuvre composé de petits œufs d'esturgeon, un grand poisson, que l'on prépare et que l'on sale. C'est un mets très rare et réservé aux jours de fête.

Coquette Colette

Colette, la coquette crevette,
a enfilé dare-dare,
des petits œufs de caviar,
pour s'en faire un collier de star !

céleri (nom masculin). Le céleri est un légume dont on mange les branches et la racine. Quand on prépare du céleri rémoulade, on râpe sa racine et on l'assaisonne avec de la mayonnaise.

céréale (nom féminin). Les céréales sont des plantes. Leurs graines servent de nourriture aux hommes et aux animaux. Le blé, le riz, le maïs, l'avoine, l'orge et le seigle sont des céréales. Le matin, au petit-déjeuner, on mange parfois des flocons de céréales dans un bol de lait.

A B **C** D E F G H I J K L M N O P Q R S T U V W X Y Z

cerise (nom féminin). La cerise est un petit fruit rond à noyau. Elle pousse sur un cerisier. On peut grignoter les cerises en les cueillant directement dans l'arbre ou les déguster en confiture et dans les clafoutis.

Bonne fête maman !

Pour ta fête, petite maman,
je ne t'offrirai ni une rivière de diamants,
ni un bracelet de perles précieuses,
ni même une montre avec sa trotteuse !
Non, pour ta fête, maman, quelle surprise,
je t'offrirai des boucles d'oreilles en cerises !

champagne (nom masculin). Le champagne est un vin blanc ou rosé rempli de bulles qui pétillent. Il est fabriqué en Champagne, une région située à l'Est de la France.

champignon (nom masculin). Le champignon est un végétal différent des autres : il n'a ni feuille ni fleur. Il est formé d'un pied et d'un chapeau. Certains champignons sont vénéneux : ils contiennent du poison et ne sont pas comestibles*.

Bons, les champignons !

Avec son large chapeau brun cacao,
le cèpe fait de l'ombre aux escargots.
Blanc comme une meringue, le champignon de Paris
sait qu'il finira sa vie croqué tout cru, cuit ou farci.
Avec son chapeau comme une éponge marron,
la morille, elle, intrigue plus d'un hérisson.
Avec sa minuscule trompette orange,
la girolle n'aime pas qu'on la dérange.
Quant à la truffe, au goût si délicat,
elle fait sa timide sous la terre,
et ne se montre pas !

chantilly (nom féminin). La chantilly, c'est de la crème fraîche fouettée avec du sucre. Elle accompagne souvent les gâteaux, les glaces ou les fruits.

chapelure (nom féminin). La chapelure est faite avec du pain dur ou de la biscotte que l'on émiette. On met par exemple les escalopes dans de la chapelure avant de les faire frire.

charcuterie (nom féminin).
1. La charcuterie est un aliment fait avec de la viande de porc. Le jambon, le saucisson ou les chipolatas sont des charcuteries. **2.** C'est aussi le magasin où est vendue la charcuterie.

charlotte (nom féminin). La charlotte est un gâteau fait dans un moule tapissé de biscuits, dans lequel on verse de la crème, des fruits ou du chocolat.

châtaigne (nom féminin).
La châtaigne est un fruit à peau lisse de couleur marron qui est enfermé dans une bogue couverte de piquants. Elle pousse sur le châtaignier. On l'appelle aussi marron.

chausson (nom masculin). En cuisine, le chausson est une pâtisserie faite d'un rond de pâte feuilletée plié en deux et garni de compote de pommes, d'abricots ou de confiture de fraises.

chips (nom féminin). Les chips sont des rondelles de pommes de terre frites, séchées et salées. Le mot «chips» vient de l'anglais et veut dire «petits copeaux».

chipolata (nom féminin). La chipolata est une fine saucisse faite avec de la viande de porc.

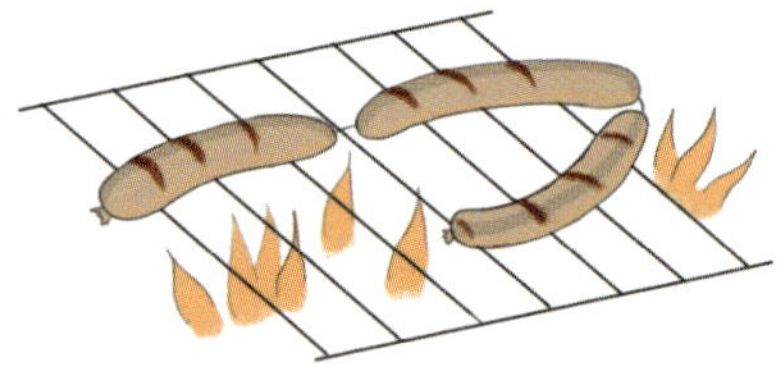

chocolat (nom masculin). On fabrique le chocolat à partir des graines de cacao*. On les fait griller, puis on les écrase pour en faire de la pâte. Cette pâte est ensuite pressée pour en faire sortir la graisse, qui s'appelle le beurre de cacao. Pour transformer le tout en chocolat, on mélange la pâte de cacao, le beurre de cacao et du sucre.

Chocolat blanc et chocolat noir

Dans la ferme du bout du champ,
Lola, la poule en chocolat blanc,
aime en grand secret Grégoire,
le coq en chocolat noir.
Cachés dans les meules de foin,
les amoureux se font des câlins.
Depuis, c'est régalant,
Lola, la poule en chocolat blanc,
pond des douzaines d'œufs,
en chocolat au lait, vraiment délicieux !

chou (nom masculin). **1.** Le chou est un légume en forme de boule composé de feuilles serrées les unes contre les autres. Il peut être vert, blanc ou rouge. **2.** Le chou est aussi un petit gâteau rond, souvent rempli de crème.

choucroute (nom féminin). La choucroute est une spécialité venue d'Alsace. Elle est faite de chou blanc coupé en fins rubans accompagné de pommes de terre, de saucisses et de lard.

chou-fleur (nom masculin). Le chou-fleur est un légume. Ses fleurs forment une grosse boule blanche. On le sert souvent en gratin.

Vive la Saint-Valentin !

Le jour de la Saint-Valentin,
qui donc trottine dans le jardin ?
C'est Basile, le blaireau farceur,
les bras chargés d'un chou-fleur !
Il court offrir son bouquet fleuri,
à Babette, la belette, son amie.
Babette à son tour, toute émue,
lui offre un petit cœur de laitue !

chouquette (nom féminin). La chouquette est un gâteau. C'est un petit chou couvert de grains de sucre.

cidre (nom masculin). Le cidre est une boisson pétillante jaune d'or. Il est fait avec du jus de pomme et contient de l'alcool.

citron (nom masculin). Le citron est un fruit ovale jaune ou vert. C'est un agrume* qui pousse dans les régions chaudes sur un arbre qui s'appelle le citronnier. En pressant son jus acide* dans de l'eau fraîche et sucrée, on fait de la citronnade.

A B C D E F G H I J K L M N O P Q R S T U V W X Y Z

citrouille (nom féminin). Ronde et orange, la citrouille est une cousine du potiron. Elle peut peser 50 kilos. C'est un fruit que l'on consomme comme un légume. On en fait de la soupe, et on la transforme en lanterne pour la fête d'Halloween dans les pays anglo-saxons.

Pas de diplôme pour Daphné !

Abracatastrophe ! La fée Daphné
a loupé son diplôme de fée.
N'en faisant toujours qu'à sa tête,
Daphné, la fée follette,
a transformé d'un coup de baguette
une citrouille en rhinocéros,
et une princesse en chameau à bosses !

clafoutis (nom masculin). Le clafoutis est un gâteau fait avec des œufs, du lait, de la farine et des fruits. L'été, on déguste du clafoutis aux cerises.

clémentine (nom féminin). La clémentine est un petit agrume* de couleur orange qui pousse sur un arbuste, le clémentinier. Les clémentines ont une écorce* fine et peu de pépins.

cochon (nom masculin). Le cochon, c'est l'autre nom donné au porc*. On achète sa viande en charcuterie.

cocktail (nom masculin). Un cocktail est une boisson faite avec un mélange de jus de fruit, de sirop ou d'alcool.

comestible (adjectif). Un aliment comestible peut être mangé. Il n'est pas dangereux pour la santé.

compote (nom féminin). La compote est composée de fruits cuits dans un peu d'eau avec du sucre. On fait par exemple de la compote de pommes, que l'on peut parfumer avec de la cannelle en poudre.

concombre (nom masculin). Le concombre est un fruit que l'on consomme comme légume et qui ressemble à un gros cornichon. On le mange cru, parfois mélangé avec du fromage blanc.

condiment (nom masculin). Les condiments sont des produits que l'on ajoute aux aliments pour leur donner plus de goût. Le sel, le poivre, la moutarde, les cornichons sont des condiments.

confiture (nom féminin). La confiture est faite avec des fruits cuits dans du sucre. On peut la garder plusieurs mois dans des pots en verre fermés par un couvercle.

Les délicieuses réserves de tatie Dany

L'armoire de tatie Dany
est une vraie épicerie !
Dedans, il y a des bocaux de maïs,
prêts à faire des concours de glisse,
une vingtaine de tablettes
de chocolat noir,
prêtes à fondre sur de belles poires,
et cinq pots de confiture
à la pomme d'api,
prêts à surfer
sur des paquets de biscuits !

congélateur (nom masculin). Le congélateur est un appareil dans lequel on congèle les aliments à une température en dessous de zéro, pour les conserver longtemps.

conserve (nom féminin). Un aliment en conserve est maintenu à l'abri de l'air dans une boîte en métal ou dans un bocal en verre fermés. Les haricots verts et les sardines à l'huile sont des conserves.

coq (nom masculin). Avec la poule, l'oie et le canard, le coq fait partie des volailles, les oiseaux de la basse-cour élevés pour leur viande. Le coquelet est un jeune coq.

coquillage (nom masculin). Les coquillages sont des petits animaux au corps mou protégé par une coquille dure. Ils sont vendus dans les poissonneries (voir page 36).

coquille Saint-Jacques (nom masculin). La coquille Saint-Jacques est un mollusque à la chair blanche et qui a une partie orange appelé le corail. Elle se sert souvent gratinée au four.

coquillette (nom féminin). Les coquillettes sont des petites pâtes en forme de tubes courbes.

Terminus, tout le monde descend !
Quand la cocotte-minute remplie de coquillettes
se met à siffler comme une locomotive guillerette,
c'est signe que les petites pâtes sont prêtes
à filer dans mon assiette !

corn-flakes (nom masculin pluriel). Les corn-flakes sont des flocons de maïs grillés et croustillants. On verse du lait dessus pour les déguster au petit-déjeuner. Ce mot vient des mots anglais « corn », qui signifie « maïs », et « flake », qui veut dire « flocon ».

cornichon (nom masculin). Le cornichon est un petit concombre conservé dans du vinaigre. C'est un condiment* qui accompagne en général les assiettes de charcuterie et de viande froide.

Yvon le cornichon

« C'est vexant, à chaque instant,
on me traite de **cornichon** !
ronchonne Yvon, fort bougon.
Pourtant je ne suis pas plus bête,
que Georgette, ma cousine la courgette,
ni plus idiot que ce grand nigaud d'Albert,
mon cousin, le concombre vert ! »

côtelette (nom féminin). La côtelette est la côte de certains animaux de boucherie. Souvent, on mange des côtelettes d'agneau ou des côtelettes de porc.

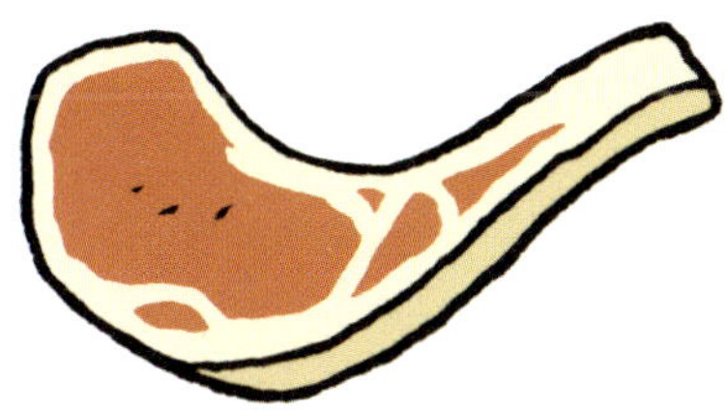

coulis (nom masculin). Le coulis est la sauce que l'on obtient en écrasant des fruits ou des légumes. On peut déguster du coulis de framboises ou du coulis de tomates.

courgette (nom féminin). La courgette fait partie de la famille des courges, comme le cornichon et le concombre. C'est un fruit que l'on consomme et assaisonne comme un légume. On peut la farcir, comme la tomate, ou la manger dans une ratatouille*.

couscous (nom masculin). Le couscous est un plat venu d'Afrique du Nord, à base de semoule accompagnée de légumes et de viande.

Coquillages et crustacés

Un beau plateau de fruits de mer!

Les **bulots** sont des mollusques à la coquille marron clair. On les mange avec de la mayonnaise.

Les coquillages

Les **bigorneaux** ont une coquille sombre. On les surnomme escargots de mer. Ils se dégustent accompagnés de beurre salé.

Les **huîtres** sont élevées dans des parcs baignant dans l'eau de mer. On les mange avec des tartines de pain beurré.

Les **moules** sont des coquillages noirs qui se fixent sur les rochers. On les mange souvent cuites dans du vin blanc ou de la crème, et accompagnées de frites.

Les crustacés

Les **crevettes** ont 5 paires de pattes. Plongées dans l'eau bouillante, les crevettes deviennent roses. On peut les manger avec du beurre salé ou de la mayonnaise et du citron.

Le **crabe** a 8 pattes et 2 grosses pinces. On le déguste souvent froid avec de la mayonnaise.

Les **gambas** sont des crevettes géantes. Elles décorent souvent les grands plateaux de paella.

La **langouste** a une carapace rose, 2 longues antennes, mais elle n'a pas de pinces.

La **langoustine** nargue la langouste avec ses 2 pinces. On peut la déguster avec de la mayonnaise et du citron.

Le **homard** a 2 énormes pinces à la chair délicieuse. Sa carapace bleue est solide comme un bouclier. Quand on le fait cuire, le homard rougit.

A B **C** D E F G H I J K L M N O P Q R S T U V W X Y Z

couvert (nom masculin). **1.** Les couverts sont le couteau, la fourchette et la cuillère. **2.** Mettre le couvert, c'est poser sur la table ce qui servira pour le repas.

Couverts et compagnie

Bonjour, nous sommes les couverts !
Moi, Marie-Claire, la plus sportive des cuillères,
je plonge dans les desserts !
Moi, Théo, le plus costaud des couteaux,
je coupe les gigots d'agneau !
Et moi, Fanette, la plus forte des fourchettes,
je pique mes dents dans les côtelettes !

crème (nom féminin). **1.** La crème est la matière grasse contenue dans le lait. En la faisant tourner à toute vitesse dans une cuve, on la transforme en crème fraîche. En la battant, on en fait du beurre. **2.** La crème, c'est aussi un dessert fait avec des œufs et de la crème fraîche ou du lait, comme la crème brûlée ou la crème anglaise.

crêpe (nom féminin). Les crêpes sont des petites galettes faites avec de la farine, des œufs et du lait. Pour les cuire, on les fait sauter dans une poêle. La crêperie est le restaurant où l'on sert des crêpes salées et sucrées.

La famille crêpe

- Les crêpes avec du miel coulant,
c'est excellent ! dit maman.
- Les crêpes au chocolat,
c'est délicieux ! dit papa.
- Les crêpes au beurre,
c'est bien meilleur ! dit ma sœur.
Mais moi, je n'ai pas encore
joué les gloutons,
mes crêpes sont restées
collées au plafond !

croissant (nom masculin). Le croissant est une pâtisserie en forme de croissant de lune.

L'ogre et le croissant de lune

Un soir d'été, un ogre fort affamé
s'est hissé sur la pointe des pieds,
pour croquer le géant croissant de lune.
Aussitôt, dans la nuit bleue, une à une,
les miettes dorées et croustillantes
se sont transformées en étoiles filantes !

croque-monsieur (nom masculin invariable). Le croque-monsieur est un sandwich chaud composé de deux tranches de pain de mie grillées garnies de jambon et de fromage. Le croque-madame est un croque-monsieur recouvert d'un œuf sur le plat.

croûton (nom masculin). **1.** Le croûton est le bout du pain. La baguette a deux croûtons. Dans le croûton, il y a peu de mie et beaucoup de croûte. **2.** Ce sont aussi des petits morceaux de pain sec, que l'on mange dans la soupe de poissons, par exemple.

cru, crue (adjectif). Un aliment cru n'a pas été cuit. Les crudités sont des légumes que l'on mange crus en entrée, au début du repas.

crumble (nom masculin). Le crumble est un gâteau fait avec des fruits recouverts de petits bouts de pâte. Ce mot vient de l'anglais « to crumble », qui veut dire « émietter ».

Gourmande Joconde

La nuit, quand le musée du Louvre s'endort,
qui donc sort à pas de loup dehors ?
C'est la Joconde qui file sans bruit,
grignoter des gaufres à la chantilly,
et de succulents crumbles à l'orange !
Le lendemain, comme c'est étrange,
se dit le gardien en faisant sa ronde,
il y a une miette sur la joue de la Joconde !

crustacé (nom masculin). Les crustacés sont des animaux qui ont des antennes, parfois des pinces, et une carapace qui les couvre comme une armure. Sur l'étalage du poissonnier, ils portent aussi le nom de fruits de mer (voir pages 36/37).

cuire (verbe). Un aliment cuit a été chauffé pour le rendre bon à manger. C'est le contraire de cru.

cuisine (nom féminin). **1.** La cuisine est la pièce de la maison ou d'un restaurant où l'on prépare les repas. **2.** Faire la cuisine, c'est l'art de préparer les aliments.

cuisinier (nom masculin), cuisinière (nom féminin). Le cuisinier et la cuisinière sont les personnes qui font la cuisine.

Les cuisiniers musiciens

Le **cuisinier**, monsieur Anatole,
tape sur sa batterie de casseroles.
La **cuisinière**, madame Édith,
tape sur sa marmite.
Et quand viendra l'heure du dessert,
ils nous feront un concert !

cuisson (nom féminin). La cuisson, c'est la façon de faire cuire les aliments. Il y a différents temps de cuisson. Une viande **bleue** est une viande qui a cuit très peu de temps et qui est servie encore saignante. Une viande **à point** est une viande qui n'est ni trop saignante, ni trop cuite. Une viande **bien cuite** est servie grillée.

curry (nom masculin). **1.** Le curry est une poudre jaune composée d'un mélange d'épices*. On l'utilise beaucoup dans la cuisine indienne. **2.** Le curry, c'est aussi un ragoût de viande parfumé avec ce mélange d'épices.

Les délices du dimanche

Le dimanche midi,
après avoir bien dormi,
je fais la dînette au lit,
et sous mes draps tout doux,
je déguste des roudoudous !

Le dimanche midi,
après avoir bien dormi,
je fais la dînette au lit,
et sous mes draps tout chauds,
je déguste du dindonneau !

Le dimanche midi,
après avoir bien dormi,
je sors enfin de sous mes draps,
et je vais décongeler
une belle dorade dorée,
pour mon délicieux dîner !

datte (nom féminin). La datte est un fruit marron à noyau. Ses grappes pendent sur les dattiers, grands palmiers qui poussent en Afrique du Nord et en Orient. On mange parfois des dattes fourrées avec de la pâte d'amandes.

déguster (verbe). Déguster, c'est manger lentement afin de prendre tout son temps pour savourer. C'est tout le contraire de dévorer !

délice (nom masculin). Un délice est une chose très agréable. En cuisine, c'est un aliment très bon, délicieux.

Hansel et Gretel

Un soir d'hiver,
dans la forêt aux sapins verts,
Hansel et Gretel, sa sœurette,
ont découvert une maisonnette
en bonbons et en pain d'épice.
Pour eux, quel suprême délice !
Mais quand la sorcière les a surpris,
fini le grignotage des bonnes sucreries !
La carabosse a enfermé Hansel et Gretel
dans une grande cage tout en bretzels.
Heureusement, la nuit venue,
les petits prisonniers ont croqué
un à un, tous les barreaux de leur prison !

déjeuner (verbe). Déjeuner, c'est manger le repas de midi.

déjeuner (nom masculin). Le déjeuner, c'est le repas de midi.

dent (nom féminin). Les premières dents qui apparaissent dans la bouche sont les dents de lait. On les appelle ainsi car elles sortent alors que le bébé n'est encore nourri qu'avec du lait. Un adulte a 32 dents.

Quand tu manges, chaque dent joue son rôle :

Les dents situées sur le devant sont les ***incisives****.*
Leur bord tranchant coupe les aliments.
Tu les utilises quand tu croques une pomme.

Près des incisives, il y a les ***canines****,*
faites pour déchiqueter la viande.

Puis, il y a les ***prémolaires****, qui réduisent*
les aliments en bouillie.

Ensuite, il y a les dents plates et larges,
les ***molaires****, qui finissent d'écraser la nourriture.*

Tout au fond des mâchoires se trouvent
les ***dents de sagesse****. Les hommes*
préhistoriques les utilisaient pour mastiquer
la viande crue. Aujourd'hui, elles sont moins utiles.
Elles poussent vers l'âge de 20 ans.
Parfois, elles ne sortent même pas de la gencive.

Gare aux caries !

Pour garder de belles dents,
brosse-les matin et soir régulièrement.
Sinon, le sucre et les morceaux d'aliments
les transformeront en dents vertes atroces,
comme celles des affreuses carabosses !

dessert (nom masculin). Le dessert est le plat qui se mange à la fin du repas, après l'entrée et le plat principal.

Un choix difficile

Pomme verte acidulée,
délicieuse crème brûlée,
tarte meringuée au citron,
charlotte aux marrons,
ou mousseux café liégeois ?
Pour ton dessert, tu as le choix !

dévorer (verbe). Dévorer, c'est manger beaucoup et à toute vitesse, comme un ogre. C'est tout le contraire de déguster.

diététique (nom féminin). La diététique est la science qui étudie ce qu'il faut manger pour être en bonne santé. Le diététicien et la diététicienne sont des spécialistes de l'alimentation. Ils donnent des conseils pour faire des menus équilibrés (voir pages 94/95).

dindonneau (nom masculin). Le dindonneau est le petit de la dinde et du dindon. On mange sa viande en rôti.

dîner (verbe). Dîner, c'est manger le repas du soir.

dîner (nom masculin). Le dîner, c'est le repas du soir.

dînette (nom féminin). La dînette est la vaisselle miniature que l'on utilise pour jouer avec ses poupées. C'est aussi un tout petit repas.

E e e

René le postier heureux

René le postier
m'a apporté
un paquet bien emballé.
Dedans, il y a des dragées,
postées par mon oncle Roger,
qui est confiseur à Angers.

René le postier
m'a aussi livré
un superbe colis bien ficelé.
Dedans, il y a des sablés,
postés par mon frère Ernest,
qui est pâtissier à Brest.

René le postier
est un homme heureux :
À longueur d'année,
les bras chargés de courrier,
il se prend un peu…
pour le père Noël !

eau (nom féminin). L'eau est un liquide naturel indispensable pour vivre. Elle constitue les 3/4 de ton poids. Chaque jour, en suant et en urinant, tu perds 2,5 litres d'eau. Pour remplir tes réserves, tu dois boire 10 verres d'eau par jour.

échalote (nom féminin). L'échalote est une plante qui ressemble à l'oignon. Sa tête charnue sert à parfumer les sauces et les vinaigrettes*.

éclair (nom masculin). L'éclair est un petit gâteau de forme allongé. Il est fourré de crème au chocolat ou au café.

La fée météo

Sur les nuages, tout là-haut, si j'étais une fée de la météo,
je changerais les giboulées de pluie en pastilles à l'anis,
les flocons de neige en boules de glace à la vanille,
et la foudre des ciels d'été en éclairs au café !

écorce (nom féminin). L'écorce est la peau épaisse qui protège certains fruits, comme l'orange ou le citron.

écosser (verbe). Écosser, c'est retirer les graines cachées dans l'enveloppe de certains légumes. On écosse les haricots blancs et les petits pois.

émietter (verbe). Émietter, c'est réduire en miettes. On émiette du pain dur pour faire de la chapelure*.

Du pain pas perdu

J'émiette de la galette pour Marinette la merlette,
j'émiette de la biscotte pour Charlotte la linotte,
et j'émiette du pain aux raisins
pour Justin le nain de jardin !

éminçer (verbe). Émincer, c'est couper en fins morceaux les légumes, la viande ou le fromage.

endive (nom féminin). L'endive est un légume qui contient 95% d'eau. On peut la croquer crue ou la faire cuire enrobée dans du jambon.

entrée (nom féminin). En cuisine, l'entrée est le plat qui est servi au début du repas, comme la salade de tomates. On dit aussi un hors-d'œuvre.

épice (nom féminin). Les épices sont des plantes parfumées qui servent à donner du goût aux aliments. On les appelle aussi des aromates. Venues des pays chauds, les épices ont longtemps voyagé sur les mers par bateaux ou dans les déserts à dos de chameaux.

La ***cannelle*** *se présente en petits bâtonnets marrons ou en poudre. Elle vient de l'écorce d'un arbre, le cannelier. Elle parfume les desserts.*

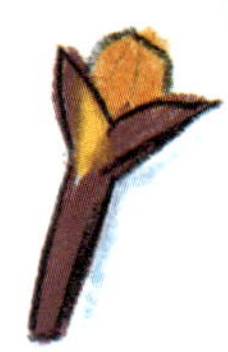

Le ***clou de girofle*** *est le bouton de fleur du giroflier. Séché, il ressemble à un petit clou noir. Il parfume la choucroute.*

Le ***curry*** *est une poudre jaune composée d'un mélange d'une vingtaine d'épices.*

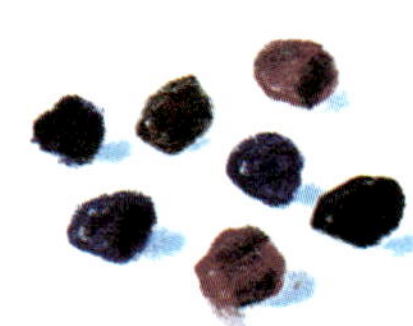

Le ***poivre*** *se présente sous la forme de grains noirs, gris, blancs, verts ou roses. Ses grains poussent sur le poivrier, un arbuste venu d'Inde. Son goût fort parfume la viande.*

Le ***safran*** *est une épice orangée qui vient de la fleur d'un crocus. Il parfume le riz et la paella.*

La ***vanille*** *est une plante de la famille des orchidées qui vient du Mexique. Ses gousses* parfument les desserts.*

épinard (nom masculin). L'épinard est un légume. On peut manger ses feuilles cuites à la crème ou crues en salade.

éplucher (verbe). Éplucher, c'est enlever la peau des fruits ou des légumes. On dit aussi peler. L'épluchure est le morceau de peau que l'on a épluché. Pour faire des frites, on épluche des pommes de terre.

escalope (nom féminin). L'escalope est une mince tranche de viande ou de poisson. On peut manger une escalope de veau ou une escalope de saumon.

escargot (nom masculin). L'escargot est un mollusque qui porte sa coquille sur son dos. On le mange farci avec du beurre mélangé à de l'ail et du persil.

Des expressions sucrées-salées

Avoir un cœur d'artichaut

C'est tomber tout le temps amoureux ou amoureuse.

Mêle-toi de tes oignons !

Ne t'occupe pas des affaires des autres, ça ne te regarde pas !

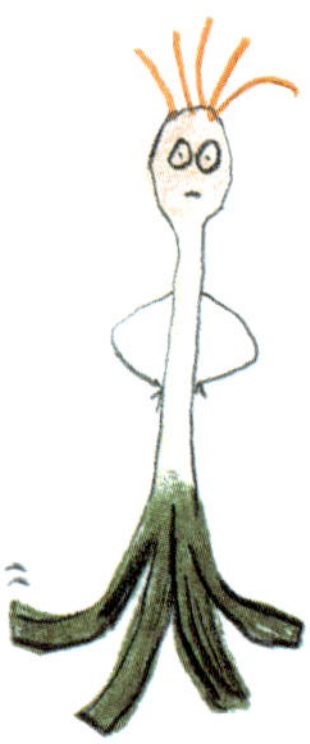

Faire le poireau

C'est rester longtemps dans une file d'attente.
C'est aussi attendre longtemps quelqu'un qui tarde à venir.

Avoir de la brioche

C'est avoir un gros ventre.

Ne plus avoir un radis

C'est ne plus avoir d'argent.

Se fendre la pêche

C'est rire de bon cœur.

Tomber dans les pommes

C'est s'évanouir.

Être haut comme trois pommes

C'est être tout petit.

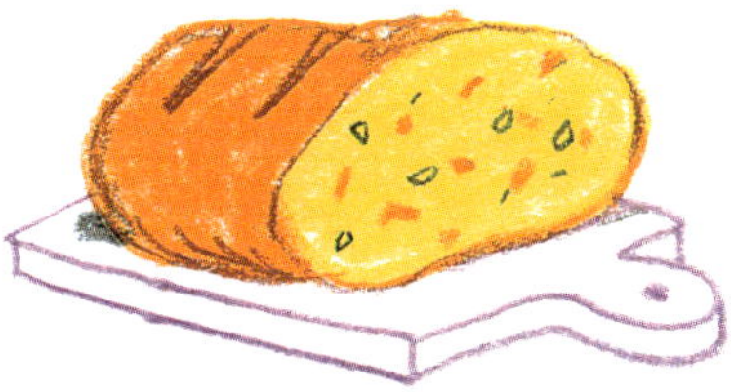

La moutarde lui monte au nez
Il commence à se fâcher !

Avoir du pain sur la planche
C'est avoir beaucoup de travail.

Raconter des salades
C'est dire des mensonges.

Être trempé comme une soupe
C'est être tout mouillé.

Être une bonne poire
C'est se laisser avoir facilement.

Avoir la frite
C'est être en super forme.

Ramener sa fraise
C'est donner son avis à chaque instant.

Être un papa ou une maman gâteau
C'est beaucoup gâter ses enfants.

F f 𝒻

Les fantômes farfelus

Au fin fond du château fort abandonné,
Freddy, le petit fantôme, vient de se fiancer
avec Fanny-Lou, la demoiselle fantôme futée.

Flip, flap ! Freddy et sa belle Fanny-Lou,
se promènent enlacés, drap-dessus, drap-dessous.

Flip, flap ! Freddy et sa belle Fanny-Lou
se font des farces en riant comme des fous.

Flip, flap ! Freddy et sa belle Fanny-Lou
s'offrent des petits fours et puis des caramels mous.

Flip, flap ! Freddy et sa belle Fanny-Lou
se faufilent partout et se font des bisous !

faim (nom féminin). La faim, c'est le besoin et l'envie de manger. Dans de nombreux pays du monde, des gens souffrent de la famine. Ils n'ont pas assez de nourriture pour vivre.

farce (nom féminin). La farce est un mélange d'aliments hachés que l'on met à l'intérieur d'un légume, d'une viande ou d'un poisson pour les farcir. Les tomates farcies contiennent de la chair à saucisse.

farine (nom féminin). La farine, c'est la poudre que l'on obtient en écrasant des grains de blé ou d'autres céréales*. Avec la farine, on fait du pain, des pâtes et des gâteaux.

Giboulée de farine

Quand tout là-haut,
devant ses fourneaux,
la mère Noël mitonne des gâteaux,
elle fait tomber de la farine,
qui se transforme en neige fine !

fast-food (nom masculin). Le fast-food est un restaurant qui sert rapidement et à toute heure de la journée des plats à manger sur place ou à emporter. Le mot fast-food vient de l'anglais : «fast» signifie «rapide» et «food» veut dire «nourriture».

fenouil (nom masculin). Le fenouil est une plante dont les tiges vertes et la tête charnue ont un léger goût d'anis*. Sa tête est consommée comme légume, souvent en gratin.

festin (nom masculin). Un festin est un repas de fête où il y a beaucoup de bonnes choses à déguster.

Des moustiques pour régal

Les princesses transformées en grenouilles,
ne mangent ni tartes à la citrouille, ni plats de nouilles.
Pour elles, les moustiques qu'elles gobent en coassant,
sont un festin beaucoup plus tentant !

fève (nom féminin). **1.** La fève est un gros haricot. **2.** C'est aussi un petit objet que l'on cache dans la galette des Rois.

Les fèves de Lucie

Pour sa grande collection en porcelaine,
Lucie a trouvé la fève de la petite sirène.
Mais, zut, elle a aussi en triple exemplaire,
les fèves de trois rois à la barbe de travers !
Elle les troquera demain à la brocante,
contre la fève d'un prince à la mine charmante !

ficelle (nom féminin). En cuisine, la ficelle est une petite baguette de pain toute fine.

La ficelle et la brioche

La ficelle dit à la brioche, sa voisine :
- Tu devrais faire un régime pour être plus fine !
Ç'en est trop, la brioche hausse le ton :
- Mêle-toi donc de tes croûtons !
De toute façon, nous finirons toutes les deux,
sous une couche de beurre moelleux !

figue (nom féminin). La figue est un fruit à la peau violette ou verte et à la chair pleine de petites graines qui craquent sous la dent. Elle pousse sur le figuier, un arbre des régions ensoleillées. Les figues peuvent se manger fraîches ou séchées.

flageolet (nom masculin). Les flageolets sont des haricots aux graines vertes. On les sert souvent avec du gigot d'agneau.

flan (nom masculin). Le flan est un dessert fait avec du lait, de la farine et des œufs, et qui a une consistance gélatineuse.

Une cascade sucrée

Quand je démoule, affamé,
le délicieux flan de mon goûter,
une cascade de caramel coule en rivière
sur ma petite cuillère !

foie gras (nom masculin). Le foie gras est le foie d'une oie ou d'un canard que l'on a engraissé en les faisant beaucoup manger. On mange surtout du foie gras au moment des fêtes de fin d'année.

fondre (verbe). Quand un aliment fond, il devient liquide. Souvent, quand on prépare un gâteau au chocolat, on fait fondre les carrés au bain-marie*. Le sucre fond dans la tasse de café.

fondue (nom féminin). **1.** La fondue savoyarde est un plat qui se compose d'un mélange de fromage fondu et de vin blanc, dans lequel on trempe des cubes de pain. **2.** La fondue bourguignonne est composée de petits dés de viande de bœuf crue, que l'on plonge dans l'huile bouillante et que l'on mange avec différentes sauces. **3.** La fondue au chocolat est un dessert composé de chocolat fondu dans lequel on trempe des petits morceaux de fruits.

Vive le fromage !

En France, on compte plus de 400 sortes de fromage. Chaque région a le sien !

Le camembert est fait avec du lait de vache. Son nom vient de Camembert, un village de Normandie.

Le munster est fait avec du lait de vache.

Le Saint-Paulin est fait avec du lait de vache.

Le crottin est fait avec du lait de chèvre.

Le comté est fait avec du lait de vache

Le cantal est fait avec du lait de vache.

Le reblochon est fait avec du lait de vache

Le roquefort est fait avec du lait de brebis.

La tomme des Pyrénées est faite avec du lait de vache ou de chèvre.

En Corse, le broccio est fait avec du lait de chèvre ou de brebis.

Les fromages, ça voyage !

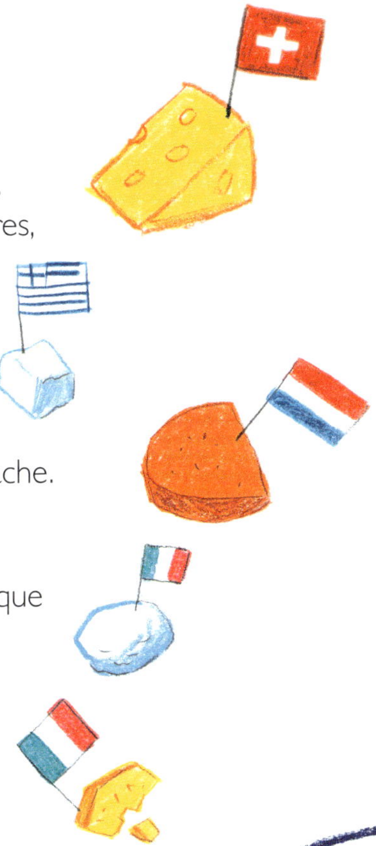

Le **gruyère** est fait avec du lait de vache. Son nom vient de la commune de Gruyères, une région située en Suisse.

La **feta** est faite avec du lait de brebis. On la fabrique en Grèce.

La **mimolette** est faite avec du lait de vache. On la fabrique surtout en Hollande.

La **mozzarella** vient d'Italie. On la fabrique avec du lait de bufflonne ou de vache.

Le **parmesan**, fromage italien, est fait avec du lait de vache.

La fabrication du gruyère

Pour fabriquer du gruyère, on chauffe du lait de vache, auquel on ajoute de la présure, un produit qui le fait épaissir en petits grains. En cuisant, ils se collent les uns aux autres et forment une pâte. Cette pâte est égouttée et mise dans des moules ronds, où elle sera pressée très fort. Puis, les fromages seront démoulés et on les laissera vieillir dans une cave pour qu'ils prennent du goût.

frais, fraîche (adjectif). Un aliment frais est légèrement froid. C'est aussi un aliment qui a été cueilli ou pêché il y a peu de temps, et qui n'a pas été mis en conserve ou congelé. L'été, on mange souvent des haricots frais.

fraise (nom féminin). La fraise est un fruit rouge. Elle pousse sur une plante qui s'appelle le fraisier. On se régale des fraises crues ou cuites en confiture. Les fraises des bois sont plus petites que les fraises cultivées dans les jardins. Elles ont aussi un goût plus parfumé.

Comptine recette
Le dessert de Pinocchio

Pour une fois, Pinocchio dit la vérité,
quand il se vante de faire des fraises masquées !
Voici sa recette, en grande exclusivité :
lave des fraises et pose-les au fond
d'un grand saladier tout rond.
Émiette par-dessus des bouts de biscuits
et des morceaux de pâtes de fruits.
Puis, recouvre le tout de fromage blanc.
Ça y est, tes fraises sont bonnes à déguster,
et le nez de Pinocchio ne s'est pas allongé !

fraisier (nom masculin). **1.** Le fraisier est la plante sur laquelle pousse les fraises. **2.** C'est aussi le nom d'un gâteau fait avec des fraises et de la crème.

framboise (nom féminin). La framboise est un fruit rose foncé. Les framboises poussent sur un arbrisseau appelé le framboisier. Elles sont délicieuses à savourer crues. On en fait aussi des sorbets et de la gelée.

frangipane (nom féminin). La frangipane est une crème faite avec de la poudre d'amandes. Elle sert à fourrer la galette des Rois.

friandise (nom féminin). Une friandise est un bonbon ou une petite pâtisserie que l'on mange avec les doigts. Les caramels et les truffes sont des friandises.

frire (verbe). Frire un aliment, c'est le cuire dans de l'huile bouillante ou dans du beurre.

frite (nom féminin). Les frites sont des pommes de terre coupées en bâtonnets que l'on fait frire* dans une friteuse. Les frites accompagnent souvent la viande et les moules.

Line la langoustine

Qui attend sur la plage le passage du vendeur ambulant ?
C'est Line, la princesse des langoustines !
La demoiselle gourmande passe enfin sa commande :
un plein cornet de frites et deux rations de moules bien cuites !

fromage (nom masculin). Le fromage est un aliment fait avec du lait de vache, de brebis ou de chèvre. Le camembert et le gruyère sont des fromages (voir pages 56/57).

fruit (nom masculin). Les fruits sont des aliments sucrés riches en vitamines*. Frais ou en confiture, ils sont un trésor de bienfaits ! Le citron, la fraise et la banane sont des fruits (voir pages 60/61 et 158/159).

fruit confit (nom masculin). Les fruits confits sont des friandises. Ce sont des fruits qui ont été cuits dans un sirop de sucre. Dans le cake, il y a des cerises confites.

La farandole des fruits

Les fruits à noyaux

un abricot

des cerises

un brugnon

des mirabelles

une pêche

des quetsches

Les fruits à pépins

une poire

une pomme

du raisin

Les baies et les fruits rouges

du cassis

des fraises

des framboises

des mûres

des groseilles

des myrtilles

Les fruits secs

des amandes

des noisettes

des cacahouètes

des noix

des pistaches

Les légumes fruits

Ce sont des fruits que l'on assaisonne comme des légumes.

des tomates

une aubergine

une courgette

un potiron

des poivrons

un concombre

Les agrumes

un citron jaune

un citron vert

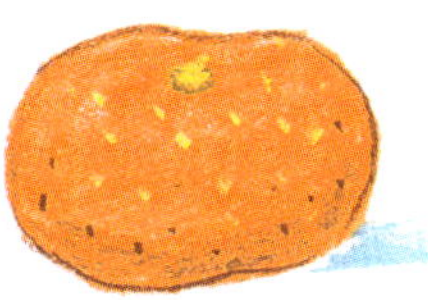
une clémentine

une mandarine

une orange

un pamplemousse

Les fruits des pays chauds

un ananas

une banane

des dattes

une noix de coco

une mangue

une pastèque

une papaye

un kiwi

des kakis

des litchis

G g g

Gary et le Petit Chaperon rouge

Gary, le gros loup gris,
ouvre grand la gueule et gronde sans crier gare :
- Petit Chaperon rouge, ton panier m'a l'air bien garni…
Gloups ! Dedans il doit y avoir, un gigot d'agneau rôti !

Mais le Petit Chaperon rouge lui répond d'un ton amusé :
- Pas du tout, gros loup gris, te voilà drôlement attrapé !
Dans mon panier garni, il y a juste une galette bien grillée,
et un pot de gelée de groseilles, pour ma grand-mère adorée !

- De la gelée de groseilles ! grimace Gary, soudain grognon.
Gloups ! Ça donne la rougeole aux goinfres gloutons !
Et, sans attendre, Gary, le gros loup gris en colère,
se sauve au galop, et dégringole dans les fougères !

galette (nom féminin). La galette est un gâteau rond et plat. Les galettes peuvent être grandes comme la galette des Rois, ou petites comme les galettes bretonnes.

gaspacho (nom masculin). Le gaspacho est une soupe qui se mange froide. Cette recette espagnole se prépare avec du concombre, des tomates et du poivron.

La planète dans mon assiette

Quand Sancho fait du gaspacho,
quand Peter prépare des hamburgers,
quand Amel cuisine des cornes de gazelle,
et quand Yoko mijote des bouchées à la noix de coco,
je fais le tour de la planète, dans mon assiette !

gastronomie (nom féminin). La gastronomie, c'est l'art de la cuisine. Un gastronome est quelqu'un qui aime déguster les aliments et qui sait reconnaître ce qui est bon.

gâteau (nom masculin). Un gâteau est une pâtisserie faite avec de la farine, des œufs et du beurre, auxquels on peut ajouter beaucoup d'autres ingrédients. Les petits gâteaux secs sont aussi appelés des biscuits.

Mon gâteau d'anniversaire

Cette année, mon gâteau d'anniversaire
sera vraiment extraordinaire :
coiffé de ses scintillantes bougies,
il sera aussi grand que la tour Eiffel de Paris !
Il aura des dizaines d'étages en nougat,
une longue antenne en chocolat,
des ballons en sucre et des sucettes rondes.
Mon gâteau sera si géant, on n'a jamais vu ça,
que j'en donnerai une part
à tous les enfants du monde !

gaufre (nom féminin). La gaufre est un gâteau cuit dans un moule, le gaufrier. Celui-ci imprime des petits carrés sur la pâte. On sert les gaufres avec du sucre, de la chantilly, du chocolat, de la crème de marron…

gaufrette (nom féminin). Les gaufrettes sont des petits gâteaux légers et croustillants en forme de petites gaufres.

Le magicien amoureux

Sous le grand chapiteau,
hop ! d'un coup de baguette,
le magicien a sorti de son chapeau
cinq tartelettes, dix gaufrettes,
et cent macarons au cacao.
Tout ça pour séduire Juliette,
la fille du dompteur de lionceaux !

gelée (nom féminin). La gelée est une confiture faite avec du jus de fruits cuit dans du sucre.

Les abeilles patineuses

Sur la gelée de groseilles,
Alix et Anna, les deux abeilles,
patinent à merveille.
Un triple saut, deux pirouettes lancées,
et trois boucles piquées,
c'est sûr, aux prochains Jeux Olympiques,
les patineuses Alix et Anna
auront une médaille en chocolat !

gigot (nom masculin). Un gigot est une cuisse de mouton ou d'agneau préparée pour être rôtie.

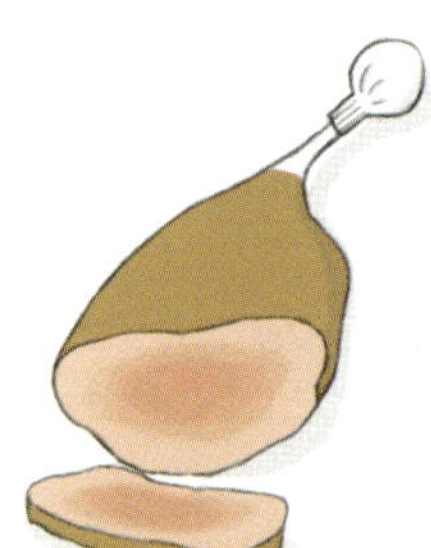

glace (nom féminin). La glace est une crème glacée faite avec du lait, des œufs, des fruits et d'autres ingrédients, comme la vanille. On la met au congélateur pour qu'elle gèle.

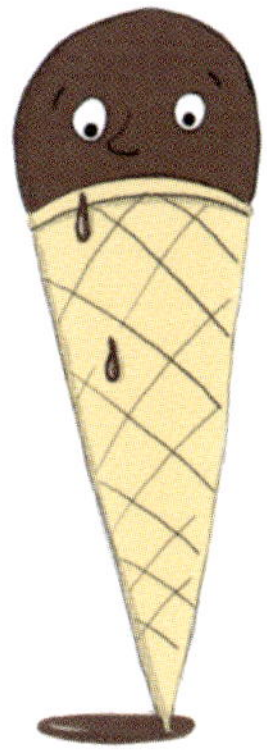

Une glace trop sensible

Après l'entracte, au cinéma,
quand le héros meurt d'un coup de carabine,
devant l'écran géant qui s'anime,
la glace fond de chagrin et dégouline,
en versant des larmes de chocolat !

glaçon (nom masculin). Le glaçon est un petit cube de glace. Pour faire des glaçons, on remplit d'eau un bac que l'on met à geler dans le congélateur.

glouton, gloutonne (adjectif). Quand on est glouton, on dévore la nourriture en grande quantité et à toute allure. C'est tout le contraire du fin gourmet, qui prend son temps pour déguster des plats raffinés.

Le festin du requin

Après avoir gobé une dizaine de thons,
Rocky, le grand requin blanc glouton,
a continué son copieux petit-déjeuner,
en s'attablant sur un navire plein à craquer.
Gloups ! À lui les conserves de harengs,
et les filets de maquereaux excellents !
Mais sans prendre le temps de les mastiquer,
Rocky a avalé la centaine de boîtes en acier,
et depuis, au fond de son estomac encombré,
les conserves se sont entassées,
comme dans le rayon du supermarché !

A B C D E F G H I J K L M N O P Q R S T U V W X Y Z

gober (verbe). Gober un aliment, c'est l'avaler sans le mâcher. On peut gober les œufs fraîchement pondus par la poule. On gobe aussi les huîtres.

gorgée (nom féminin). Une gorgée est une petite quantité de liquide qui se laisse avaler en une seule fois.

gourmand, gourmande (adjectif). Un gourmand aime déguster beaucoup de bonnes choses. Il fait preuve de gourmandise.

gousse (nom féminin). La gousse, c'est l'enveloppe allongée qui contient des graines. Les petits pois sont cachés dans une gousse verte. Quant aux gousses de l'ail, ce sont chacune des parties qui, ensemble, forment sa tête.

Les petits pois sauteurs

Serrés dans leur gousse vert gazon,
les petits pois rêvent de faire des bonds,
de jouer au billard sur un tapis en feutrine,
et de gagner des parties de bowling !

goût (nom masculin). **1.** Avec la vue, l'ouïe, le toucher et l'odorat, le goût fait partie des 5 sens. C'est le sens grâce auquel on perçoit les saveurs des aliments. **2.** Le goût d'un aliment, c'est sa saveur.

Tire la langue !

Observe ta langue dans le miroir : tu y verras de minuscules grains. Ce sont les papilles qui te font reconnaître les 4 saveurs.

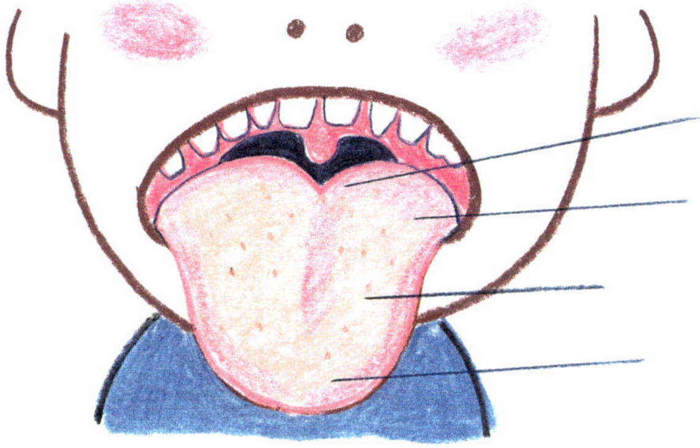

Tout à l'arrière, près de tes amygdales, tes papilles réagissent à la saveur amère, comme celle du pamplemousse.
Tes papilles reconnaissent ensuite la saveur acide, comme celle des cornichons, du citron et des groseilles.
De chaque côté, ta langue goûte la saveur salée, comme celle du saucisson, des chips et des olives noires.
À l'avant, le bout de ta langue reconnaît la saveur sucrée, comme celle du miel.

Tu goûtes aussi avec tes narines !

*Quand tu respires, l'air entre dans ton nez et y dépose des **parfums** que tu gardes en mémoire. Ainsi, les yeux fermés, tu peux reconnaître l'**odeur** du pain grillé, ou celle du chocolat qui fond dans la casserole.*

goûter (verbe). Goûter un aliment, c'est en manger ou en boire en petite quantité pour savoir s'il est bon.

A B C D E F G H I J K L M N O P Q R S T U V W X Y Z

goûter (nom masculin). Le goûter est le repas pris en fin d'après-midi, qui permet de calmer la faim jusqu'à l'heure du dîner.

goyave (nom féminin). La goyave est un fruit à la peau jaune, verte ou rose. Elle pousse dans les pays chauds, sur un arbre qui s'appelle le goyavier. Avec sa pulpe* acidulée*, on fait du jus de fruit rafraîchissant.

gras, grasse (adjectif). Ce qui est gras contient de la graisse. Le beurre et l'huile contiennent de la graisse : ce sont des matières grasses. Il ne faut pas trop en manger, sinon on grossit.

gratin (nom masculin). Le gratin est un plat recouvert de fromage râpé, de sauce béchamel* ou de chapelure* que l'on fait dorer au four. Le gratin dauphinois est un gratin de pommes de terre.

grenadine (nom féminin). La grenadine est un sirop fait avec du jus de fruits rouges. Sa couleur rappelle celle de la grenade, un fruit qui contient de gros grains rouges.

La famille Duglobule

Madame Duglobule n'a jamais vu pire :
son fils cadet, le petit Vladimir,
fait honte à toute la famille vampire !
Il déteste les cocktails de sang
et le jus de viande saignant,
et préfère se pourlécher les canines,
en buvant du sirop de grenadine !

grignoter (verbe). Grignoter, c'est manger des petites quantités de nourriture. Quand on grignote toute la journée, on n'a plus faim au moment des repas.

grillade (nom féminin). La grillade est une tranche de viande que l'on fait griller à feu vif sur une plaque ou au barbecue.

groseille (nom féminin). La groseille est un petit fruit rond rouge ou blanc au goût acide*. Elle pousse sur un arbuste qui s'appelle le groseillier. Avec les groseilles, on fait de la gelée.

grumeau (nom masculin). Les grumeaux sont des petites boules qui se forment dans une pâte liquide mal mélangée. La farine fait parfois des grumeaux dans la pâte à crêpes.

Gare aux grumeaux !

Dans la pâte à crêpe de Roméo,
blop, blop, blop, ça fait des grumeaux !
Pour les faire disparaître comme par magie,
Roméo, touille donc ta pâte avec énergie,
ajoute une rivière de lait écrémé,
et abracadabra, ta pâte sera sauvée !

guacamole (nom masculin). Le guacamole est une recette mexicaine qui se mange en entrée. Pour le réussir, il faut des avocats bien mûrs.

Comptine recette
Goûte mon guacamole !

Pour faire du guacamole, pas besoin de casserole.
À vos fourchettes, c'est parti pour la dînette !
Il suffit de bien écraser 3 avocats en purée,
d'y ajouter 2 cuillérées de crème fraîche,
sans oublier 1 jus de citron pressé,
et du sel, une petite pincée !

H

h h

Harry et Harold

Comme deux héros de bandes dessinées,
Harry, le hamburger, et Harold, le steak haché,
sont sortis en hâte du grand supermarché.

Hop, hop ! ils ont couru à perdre haleine,
pour rejoindre le club des haricots verts,
les champions de hockey du Loir et Cher !

Là, Harry et Harold ont hurlé en chœur :
– Hop, hip, hip, hip, hourra,
bravo les maillots verts,
hip, hip, hip, hourra,
vive les haricots verts !

hacher (verbe). Hacher, c'est couper un aliment* en très petits morceaux avec un couteau ou des ciseaux. Chez le boucher, le hachoir électrique sert à couper la viande de bœuf pour en faire du bifteck haché.

hachis Parmentier (nom masculin). Le hachis Parmentier est une purée de pomme de terre qui recouvre de la viande hachée. On le met dans un plat pour le faire gratiner au four.

Baratin de gratin

Le hachis Parmentier
se vante sous son édredon de purée,
et son matelas de steak haché :
- C'est moi le plus copieux à manger !
Mais cuisant à feu doux tout à côté,
les lasagnes soupirent et perdent patience :
- Hachis, cesse donc de sortir ta science,
question bon petit plat cuisiné,
nous sommes les plus gratinées !

hamburger (nom masculin). Le hamburger est un sandwich composé d'un bifteck haché cuit glissé à l'intérieur d'un petit pain rond. C'est l'aliment le plus servi dans les fast-foods.

haricot (nom masculin). Le haricot est un légume originaire d'Amérique du Sud. Il est cultivé par les Indiens depuis plus de 7000 ans. Les haricots les plus consommés en France sont les haricots verts. Les haricots beurre sont jaunes. On peut faire mijoter les graines de certains haricots : les graines blanches servent à faire le cassoulet, les graines rouges se mangent dans le chili con carne, un plat mexicain très épicé.

herbe aromatique (nom féminin). Les herbes aromatiques sont les plantes que l'on utilise pour parfumer de nombreux plats.

Le ***persil*** *est plat ou frisé. Il donne du goût à la salade et aux pommes de terre sautées.*

Le ***basilic*** *est employé dans la cuisine provençale et italienne. Il parfume les tomates et les pâtes.*

La ***ciboulette*** *est reconnaissable à ses longs brins verts au goût d'oignon. Hachée, elle parfume le fromage blanc.*

La ***coriandre*** *est utilisée dans la cuisine asiatique.*

La ***menthe*** *accompagne le taboulé.*

Le ***cerfeuil*** *ressemble au persil. Il parfume les soupes et les salades.*

Le ***thym*** *est une plante typique de Provence. Il s'utilise dans les ratatouilles ou pour donner du goût aux viandes ou aux poissons.*

Le ***laurier*** *est un arbuste. Ses feuilles parfument les bouillons et les sauces.*

La ***sauge*** *est une plante qui comporte plusieurs variétés.*

Sème ton mini-jardin !

Prends une jardinière, remplis-la de terreau
et sèmes-y des graines d'herbes aromatiques.
Couvre-les de terre pour leur faire un manteau,
et arrose-les deux à trois fois par semaine.
Bientôt, tu verras, tes petites graines
se transformeront en feuilles parfumées,
prêtes à être délicieusement cuisinées !

hors-d'œuvre (nom masculin). Un hors-d'œuvre est un plat qui est servi en entrée au début du repas. Les carottes râpées sont un hors-d'œuvre.

hot-dog (nom masculin). Le hot-dog est un sandwich composé d'un petit pain allongé fourré d'une saucisse chaude recouverte de moutarde. Ce mot vient de l'anglais et veut dire « chien chaud ».

Un drôle de rhume

– Brûlant hot-dog, pourquoi ne cesses-tu pas d'éternuer ?
– Atchoum, c'est la moutarde qui me monte au nez !

huile (nom féminin). L'huile est une matière grasse qui sert à assaisonner les légumes ou à frire les aliments. Pour la fabriquer, on presse des graines de tournesol, d'arachide ou des grains de maïs. On fait aussi de l'huile en pressant certains fruits comme les olives, les noix ou les noisettes.

hypermarché (nom masculin). L'hypermarché est un très grand magasin où l'on se sert soi-même, en remplissant son caddie. On l'appelle aussi une grande surface ou un supermarché.

Réveillon dans les rayons

Le soir du 31 janvier,
ça swingue dans l'hypermarché !
Les huîtres valsent avec les pots de tarama,
les bûches glacées dansent le cha-cha-cha,
les gigots gigotent avec les pommes noisettes,
les truffes au chocolat font mille et une galipettes,
et les bouteilles de champagne sont pompettes !

L'Histoire de l'alimentation

Pas de frites pour les hommes préhistoriques !

Une cuisine sans pain et sans cuisson

Les premiers hommes qui ont peuplé notre planète passaient beaucoup de temps à chercher de la nourriture. Ils vivaient de la cueillette des fruits, des champignons et des racines qu'ils trouvaient sur leur chemin. Ils vivaient aussi de la pêche et de la chasse.

Mais pas question de faire des steaks grillés ! Avant la découverte du feu, il y a 500 000 ans, nos ancêtres mangeaient la viande crue. Ils la découpaient avec les silex, des pierres taillées qui devenaient très tranchantes.

Pas d'assiettes au Moyen Âge

Des festins mangés avec les doigts

Au Moyen Âge, les paysans mangeaient surtout du pain, des soupes et du lard. Chez les seigneurs, on organisait de grands festins, avec des tables richement servies. Au menu, il y avait beaucoup de viande. Il n'était pas rare de manger du paon, du cygne et du sanglier rôti à la broche. Le tout était accompagné de sauces très épicées.

À cette époque, la fourchette et le couteau n'existaient pas. On mangeait avec ses doigts. Et pas d'assiette devant soi ! Les aliments étaient servis sur d'épaisses tranches de pain, appelées des tranchoirs.

De nouvelles saveurs découvertes par les grands explorateurs

Christophe Colomb découvrit l'Amérique... et la tomate

Voilà plus de 500 ans que Christophe Colomb quitta les rivages de l'Espagne. À la tête de trois caravelles, ce grand navigateur partit vers l'ouest. En 1492, après avoir traversé l'océan Atlantique, il crut arriver en Inde, sur la route des épices. Or, il venait de découvrir l'Amérique ! De cette grande expédition, Christophe Colomb rapporta en Europe des tomates, du maïs, des haricots, des ananas, de la vanille et même de la volaille, qu'il baptisa poule d'Inde. Cette cousine de la poule, c'est la dinde que nous dégustons à Noël !

L'art de conserver les aliments

Les premières conserves

Pendant des siècles, on conserva les aliments en les plongeant dans du sel ou en les faisant sécher. Il y a près de 220 ans, Nicolas Appert, un astucieux confiseur, eut l'idée de mettre les aliments dans des bouteilles bien fermées et de les faire chauffer dans de l'eau à 100°C. Quelle découverte ! Sans changer de goût, ni s'abîmer, les aliments pouvaient ainsi se garder pendant des mois. Les bouteilles furent ensuite remplacées par des bocaux en verre, puis par les boîtes en fer que tu connais.

I i i

Titus mon ouistiti

Titus, mon ouistiti,
si mini rikiki,
c'est moi qui te le dis :
ça suffit, je t'interdis
de faire tes p'tits pipis,
sur mes livres et mes toupies,
sur les tapis et sous mon lit !

Titus, mon ouistiti,
si mini rikiki,
c'est moi qui te le dis :
ça suffit, tu es puni,
fini les pommes d'api,
les clémentines et les kiwis,
voici de vieux biscuits !

île flottante (nom féminin). L'île flottante est un dessert fait avec des blancs d'œufs battus en neige qui flottent sur de la crème anglaise.

Mon île sucrée

Dans ma coupe bleutée,
l'île flottante vogue sans se presser,
sur un océan délicieusement sucré.
Au beau milieu, j'ai doucement posé,
sans qu'elle me le demande,
un palmier vert en pâte d'amandes !

infuser (verbe). Infuser, c'est laisser tremper les feuilles d'une plante dans de l'eau bouillante pour qu'elles dégagent leur parfum. On laisse infuser le thé dans la théière et la tisane dans la tisanière.

ingrédient (nom masculin). Les ingrédients sont tous les aliments qui entrent dans la préparation d'une recette.

Le cake de Peau d'Âne

Peau d'Âne a mijoté,
un cake bien doré
pour le prince, son fiancé.
La princesse a choisi
des ingrédients exquis :
une cascade de miel,
un nuage de sel,
une montagne de farine,
et une pluie de cacao fine.
Puis, elle y a ajouté,
au dernier moment,
sa bague en or et en diamants !

Si janvier commençait en juillet

Si le mois de janvier
commençait le premier juillet,
et si le mois de juillet
finissait le trente et un janvier,
quelle java dans le calendrier !

Les pêches jaune orangé
joueraient à slalomer
sur les pistes enneigées,
et les bûches aux marrons
bronzeraient en bikini
sur les plages du midi !

jambon (nom masculin). Le jambon est la cuisse ou l'épaule du porc. Le charcutier le découpe en tranches. Le jambonneau est un petit jambon fait avec le morceau qui se trouve sous le genou du porc.

Comptons, c'est si bon !

Un, deux, trois,
du jambon dans mes p'tits pois !
Quatre, cinq, six,
du beurre sur mon pain d'épice !
Sept, huit, neuf,
des mouillettes dans mon p'tit œuf !
Dix, onze, douze,
zut ! Une tâche de sauce sur ma blouse !

jardinière (nom féminin). La jardinière est un mélange de légumes cuits coupés en morceaux. Dans la jardinière, il y a des navets, des carottes, des petits pois et des haricots verts. La jardinière porte aussi le nom de macédoine.

jeûner (verbe). Jeûner, c'est arrêter de manger. Pour faire une prise de sang le matin, on doit parfois être à jeun : on ne prend pas de petit-déjeuner avant.

jus (nom masculin). Le jus est le liquide obtenu quand on presse un fruit ou un légume. C'est aussi le liquide provenant de la cuisson d'une viande ou d'un poisson. Le jus du poulet rôti donne du goût aux pâtes.

juteux, juteuse (adjectif). Un fruit juteux est un fruit qui contient beaucoup de jus. Les oranges sont juteuses.

K

k

k

King Kong le champion de karaté

Quand King Kong prend son goûter,
après son championnat de karaté,
il dévore des kilos de kakis,
sirote des cocktails de kiwis,
et boit du ketchup à gogo !

Puis, King Kong, le grand costaud,
quitte le snack-bar illico,
pour enfiler son magnifique kimono,
et bing ! mettre de nouveau K.-O.
tous les karatékas de Tokyo !

kaki (nom masculin). Le kaki est un fruit qui vient d'Asie. Il a la taille d'une tomate et sa peau est orange. Il pousse sur un arbre qui s'appelle le plaqueminier. Sa pulpe* est juteuse et sucrée.

ketchup (nom masculin). Le ketchup est une sauce d'origine anglaise faite à base de tomates et de sucre. On verse du ketchup sur les pâtes et sur les frites.

Ça se marre dans l'armoire !

Enfermés dans l'armoire,
le ketchup et la confiture de poire
s'entendent comme larrons en foire !
Ils se racontent de drôles d'histoires,
qui font rire aux éclats la râpe à fromage,
et même la vieille bouilloire si sage !

kiwi (nom masculin). Le kiwi est un fruit venu de Chine. Sa peau marron est douce comme du duvet. Sa pulpe* verte au goût acidulé* est entourée de petits grains noirs. Le kiwi contient deux fois plus de vitamines* que l'orange.

kouglof (nom masculin). Le kouglof est une brioche alsacienne garnie de raisins secs.

Le kouglof et la brioche

Depuis qu'ils sont amoureux fous,
le kouglof et la brioche se font les yeux doux.
S'ils se marient aujourd'hui, c'est certain,
demain, ils auront des petits pains aux raisins !

L l ℓ

Estelle la laitue

Estelle, la laitue,
rêve de ressembler à Gisèle,
la belle salade frisée
qui pousse tout près d'elle.

Gisèle, la salade frisée,
conseille à Estelle :
- Enroule vite tes feuilles
sur des carottes nouvelles,
et tu auras des frisettes exceptionnelles !

Adèle, l'hirondelle,
applaudit la laitue des deux ailes :
- Comme si tu sortais de chez le coiffeur,
belle Estelle, crois-moi,
tu auras l'air d'un vrai top model !

lait (nom masculin). Le lait est un aliment d'origine animale qui contient beaucoup de calcium, une substance qui fait grandir les os des bébés et renforce leurs dents (voir pages 84/85).

laitue (nom féminin). La laitue est une salade verte qui cache un petit cœur jaune pâle. On mange ses feuilles croquantes assaisonnées avec de la vinaigrette.

La laitue et le renardeau

– C'en est fini, dit la laitue,
voyant s'approcher le renardeau.
Tu vas me hacher menu !
Mais le renardeau lui répond :
– Manger de la salade,
ça me rendrait malade !
Méfie-toi plutôt
de la tortue Margot,
elle pourrait, le croiras-tu,
te croquer toute crue !

lapin (nom masculin). Le lapin est un mammifère aux longues oreilles. On l'élève dans une cabane grillagée appelée le clapier. Souvent, on le fait cuire avec de la moutarde ou en civet dans une sauce au vin.

Des bonbons farces et attrapes

Sur le sentier aux noisetiers, le lapin blanc d'Alice
a fait des petites crottes noires toutes lisses,
comme des pastilles à la réglisse !

A B C D E F G H I J K L M N O P Q R S T U V W X Y Z

Le lait, ça rend costaud !

Pas de lait sans veau

Pour que la vache puisse donner du lait, il faut d'abord qu'elle ait un veau. Dès la naissance de son petit, son pis se remplit du lait que le veau tètera.

Du lait 7 jours sur 7

Il faut traire la vache 2 fois par jour. Autrefois, on la trayait à la main, en pressant sur ses tétines. Aujourd'hui, ce sont les trayeuses électriques qui pompent le lait. Chaque jour, une bonne vache laitière peut donner 25 litres de lait.

De l'herbe comme délice

Pour donner tant de lait, la vache doit prendre des forces ! L'hiver, elle reste au chaud dans l'étable et mange du foin et des betteraves. L'été, elle peut brouter chaque jour plus de 50 kilos d'herbes. La vache rumine : elle avale l'herbe une première fois sans la mâcher, puis elle la fait remonter dans sa bouche pour, cette fois-ci, bien la mastiquer.

La laiterie, l'usine à lait

Le lait est un produit qu'il faut garder au frais. Après la traite, il est collecté dans des camions réfrigérés qui le mènent jusqu'à la laiterie. Dans cette usine, le lait est chauffé puis refroidi à toute vitesse pour qu'il soit sans microbes. Puis, le lait est mis dans des briques ou dans des bouteilles, sur lesquelles on imprime les dates limites de consommation.

Les produits laitiers

Avec le lait, on fabrique du fromage, du beurre, des yaourts, des petits-suisses et de la crème fraîche. On trouve tous ces produits laitiers au rayon crémerie des supermarchés ou chez le fromager.

Du lait de chamelle, de yack et de renne

En Asie, les Tibétains font du beurre avec le lait de yack. En Afrique, on boit du lait de chamelle. En Norvège, on trait du lait de renne.

lard (nom masculin). Le lard est la couche épaisse de graisse que le porc a sous la peau.

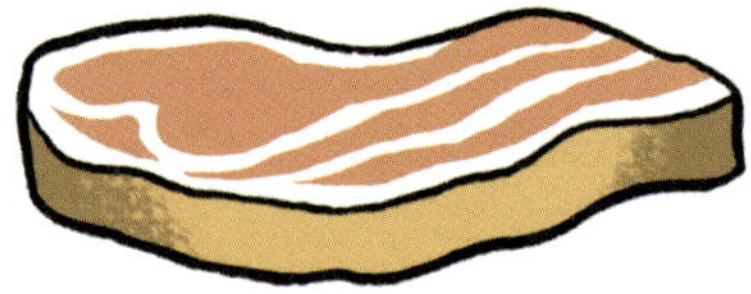

lardon (nom masculin). Les lardons sont des petits morceaux de lard.

lasagnes (nom féminin). Les lasagnes font partie des recettes venues d'Italie. On les prépare avec des pâtes en forme de larges rubans, entre lesquelles on met de la viande hachée et de la sauce tomate.

légume (nom masculin). Les légumes sont des plantes dont on mange les feuilles, les tiges, les racines ou les graines. Ils contiennent beaucoup de vitamines* excellentes pour la santé. Les légumes se dégustent frais, surgelés ou en conserve*. Les légumes fruits sont des fruits que l'on consomme comme des légumes, comme par exemple la tomate (voir pages 88/89 et 158/159).

Sortons de nos boîtes !

Prisonniers dans leur boîte en fer,
les légumes aimeraient prendre l'air.
Les petits pois et les grains de maïs
rêvent de se transformer en balles de tennis,
les haricots verts et les lentilles
rêvent de prendre l'avion pour les Antilles,
et les carottes et les tomates pelées
rêvent d'animer des jeux à la télé.
Quant aux petits cœurs d'artichaut,
ils rêvent de séduire les demoiselles poireaux !

lentille (nom féminin). La lentille est un légume dont on mange les petites graines rondes. Elles peuvent être brunes, vertes ou roses. Souvent, on les fait cuire avec des saucisses. Les lentilles peuvent aussi se savourer froides, en salade.

levure (nom féminin). La levure est un produit que l'on ajoute dans la pâte à pain et dans celle de certains gâteaux pour qu'ils gonflent à la cuisson.

limonade (nom féminin). La limonade est une boisson gazeuse et sucrée au léger goût de citron.

litchi (nom masculin). Le litchi est un petit fruit venu de Chine. Il est reconnaissable à son écorce* rugueuse et à sa pulpe* blanche au goût très parfumé, qui ressemble au parfum de certaines roses. Il cache un gros noyau lisse et marron.

Des légumes pour tous les goûts

Les légumes racines

Leurs racines croquantes se développent dans le sol.

des carottes

des radis

des navets

une betterave

Les légumes bulbes

Leur base arrondie pousse dans la terre et leurs tiges grandissent à la lumière.

des poireaux

un oignon

des échalotes

de l'ail

Les légumes tubercules

Leur partie comestible* grandit sous la terre.

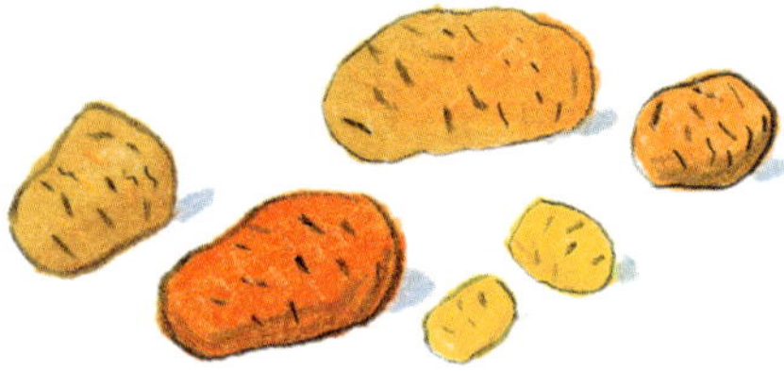

des pommes de terre

Les légumes fleurs

Leurs bouquets bons à croquer poussent à la lumière du jour.

un artichaut

un chou-fleur

Les légumes ne grandissent pas tous de la même façon.
Certains poussent sous la terre, d'autres grandissent en plein soleil.

Les légumes graines

Leurs gousses* grandissent en plein soleil.

des haricots

des petits pois

des fèves

des lentilles

Les légumes feuilles

Leurs feuilles poussent au ras du sol.

un chou vert

une laitue

Les légumes fruits

Ils poussent à la lumière du jour.
Ce sont des fruits que l'on consomme comme des légumes.

des tomates

une aubergine

une courgette

un potiron

des poivrons

un concombre

M m m

Les marionnettes gourmandes

Ainsi font, font, font,
les petites marionnettes !
À la pause de midi,
elles sortent en catimini
de chez monsieur Mathis,
le brave marionnettiste.

Ainsi font, font, font,
les petites marionnettes !
Les malicieuses gourmandes
filent acheter des amandes,
des marrons, du melon,
et même des macarons.

Ainsi font, font, font,
les petites marionnettes !
Après leurs emplettes,
les malignes marionnettes
rentrent vite en cachette,
rejoindre monsieur Mathis,
leur brave marionnettiste !

macaron (nom masculin). Les macarons sont des petits gâteaux ronds faits avec de la poudre d'amandes et des blancs d'œufs. On peut les parfumer avec du chocolat, du café ou des fruits.

Les pions macarons

Miam, miam, miam !
Si, sur le damier du jeu de dames,
il y avait des rangées de macarons
à la place des pions,
on se régalerait de bon appétit,
sans jamais finir une seule partie !

macaroni (nom masculin). Les macaronis sont des pâtes en forme de petits tubes.

mâcher (verbe). Mâcher, c'est écraser les aliments avec ses dents. On dit aussi mastiquer.

madeleine (nom féminin). La madeleine est un petit gâteau tendre, cuit dans un moule en forme de coquillage.

maïs (nom masculin). Le maïs est une céréale* qui a une grande tige verte et un bel épi aux grains jaunes serrés les uns contre les autres. Avec le maïs, on fait de l'huile, de la farine, du pop-corn et des corn-flakes.

mandarine (nom féminin). La mandarine est un fruit qui ressemble à la clémentine, sa cousine. La mandarine pousse au soleil sur un arbre qui s'appelle le mandarinier.

manger (verbe). Manger, c'est mâcher et avaler de la nourriture. Quand on a faim, on mange avec appétit (voir pages 94/95).

mangue (nom féminin). La mangue est un fruit ovale qui cache un gros noyau plat. On la cultive en Inde depuis plus de 6000 ans. Elle pousse sur un arbre qui s'appelle le manguier.

Ange et démon

Pour toi, mon petit ange,
j'ai fait une salade de mangue et d'orange,
et pour toi, mon petit démon déchaîné,
j'ai fait de la crème brûlée !

margarine (nom féminin). La margarine est une matière grasse. On la fabrique avec des huiles obtenues en pressant des graines, de tournesol par exemple. On peut la tartiner comme du beurre.

marinade (nom féminin). La marinade est un mélange de vin, d'huile, de sel et d'épices* dans lequel on fait tremper de la viande ou du poisson avant de les cuire, pour bien les parfumer.

marmelade (nom féminin). La marmelade est une confiture faite avec de la compote de fruits cuits dans du sucre. On fait par exemple de la marmelade d'oranges.

marmiton (nom masculin). Le marmiton est un apprenti cuisinier.

Gaston le marmiton

Gaston le marmiton est tête en l'air :
il a versé du sucre à la petite cuillère
sur son plat de pommes de terre.
Du coup, en cuisant, son drôle de gratin
a pris un délicieux goût de tarte tatin !

marron (nom masculin). Le marron, que l'on appelle aussi châtaigne, est le fruit du châtaignier. Les marrons se mangent grillés ou servis en purée. Les marrons glacés sont une friandise que l'on mange souvent à Noël.

mayonnaise (nom féminin). La mayonnaise est une sauce froide faite avec des jaunes d'œufs, de la moutarde et de l'huile.

Rêve de mayo

Muet sur la nappe bien repassée,
le tube de mayonnaise
rêve de chanter
un grand succès
qui fera le tube de l'été !

Bien manger pour bien grandir

Pour être en forme, il faut manger des aliments variés et multicolores !

Manger malin, ça fait du bien !

4 familles d'aliments sont nécessaires pour construire tes repas :

1. Les protéines

Ces substances t'apportent de l'énergie pour que tu puisses courir et te dépenser. Elles sont contenues dans la viande, le poisson, les œufs et certains légumes comme les lentilles.

2. Les féculents

Ces substances te donnent de la force. Elles sont contenues dans les pâtes, le riz, les pommes de terre et le pain.

3. Les produits laitiers

Riches en calcium, ils font pousser tes os. Le lait, le fromage et les yaourts en contiennent beaucoup.

4. Les fruits et les légumes

Ils t'apportent des vitamines et ils aident les aliments à glisser plus facilement dans ton corps pour être bien digérés.

Le menu rouge du Petit Chaperon rouge

En entrée : salade de betteraves et radis.
En plat : tomates farcies.
En dessert : fraises et pralines.
Et en boisson : tchin-tchin, sirop de grenadine !

Le menu vert sapin de Blanche-Neige et les sept nains

En entrée : concombre en rondelles.
En plat : épinards à la béchamel.
En dessert : glace à la pistache.
Et en boisson : trinquons avec du sirop de menthe !

Ton corps est une grande usine !

Jour et nuit, il fonctionne pour faire battre ton cœur. Pour qu'il puisse dépenser tant d'énergie, il faut lui donner de bons carburants que sont les aliments !

De la bouche à l'estomac

Tout ce que tu manges est d'abord haché par tes dents, pendant que ta langue tourne les aliments dans ta bouche pour les ramollir avec ta salive et les rendre plus faciles à avaler. Ensuite, les aliments glissent vers l'estomac, où ils sont réduits en bouillie pour être digérés.

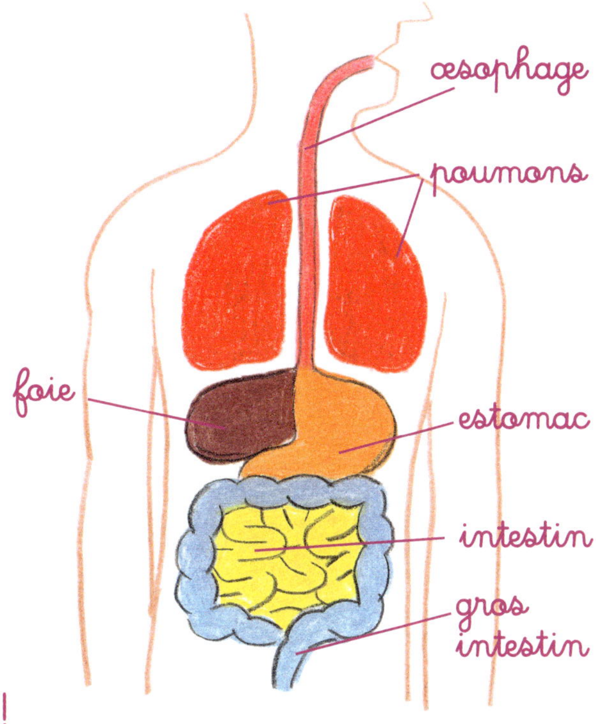

De l'estomac à l'intestin

De l'estomac, cette bouillie d'aliments passe dans l'intestin, un très long boyau. Ce qui est utile pour faire fonctionner ton corps passe dans ton sang, et ce qui est inutile est rejeté sous forme de crotte.

Il ne faut pas manger trop vite !

Si tu manges vite en ne mastiquant pas bien, la nourriture tombe dans ton estomac sans être malaxée. L'estomac a alors beaucoup de travail et tu peux avoir mal au ventre !

Gare aux allergies

Une allergie alimentaire est une réaction du corps qui combat de toutes ses forces un aliment qu'il ne supporte pas. Certaines personnes sont allergiques au lait, ou aux aliments qui contiennent de l'arachide.

Le problème de l'obésité

On souffre d'obésité quand on pèse beaucoup trop sur la balance. Cela peut arriver si on mange beaucoup de sucre et d'aliments gras, en oubliant de savourer des fruits et des légumes à chaque repas. On peut soigner l'obésité avec l'aide d'un diététicien, le spécialiste de la diététique*.

méchoui (nom masculin). Le méchoui est une recette d'Afrique du Nord. On fait rôtir un mouton entier à la broche, une tige de fer pointue à travers laquelle on passe la viande. En arabe, « méchoui » veut dire « grillé au feu ».

melon (nom masculin). Le melon est un fruit rond comme un ballon. Sa pulpe* orange ou verte est juteuse et sucrée.

Peindre sans pinceau

Pour faire un superbe tableau,
pas besoin de pinceau !
Pour imiter les yeux ronds,
je pose deux petits brugnons.
À la place des cheveux bouclés,
je mets des carottes râpées.
Pour le nez, voyons, voyons,
j'ajoute un grand cornichon,
et pour la bouche, pas d'hésitation,
je place une tranche de melon !

menu (nom masculin). Le menu, c'est l'ensemble des plats qui sont servis pendant un repas, de l'entrée au dessert. Au restaurant, on peut choisir ses plats préférés sur le menu.

merguez (nom féminin). La merguez est une petite saucisse très épicée, qui accompagne souvent le couscous. Elle est faite avec de la viande de mouton ou de bœuf.

meringue (nom féminin). La meringue est une pâtisserie croquante préparée avec du sucre et des blancs d'œufs battus en neige que l'on cuit à feu très doux.

Le mari de la meringue

La blanche meringue hésite :
avec qui va-t-elle se marier ?
Le nougat ferait un bon époux,
mais il colle de partout !
Le biscuit ferait un mari exquis,
mais il laisserait trop de miettes au lit !
Assez, plus d'hésitation,
la meringue va épouser le calisson,
ni trop salissant, ni trop colle bonbon !

mie (nom féminin). La mie est la partie tendre qui se trouve sous la croûte du pain.

miel (nom masculin). Le miel est un aliment sucré. Ce sont les abeilles qui le fabriquent, en récoltant le pollen et le nectar dans le cœur des fleurs. On étale le miel sur des tartines. Il sert aussi à faire des bonbons et du pain d'épice.

Pot de miel, pot de colle

La pauvre petite fourmi Flora
est tombée dans le pot de miel d'acacia.
Zut, ses six pattes s'y sont enfoncées,
et Flora est restée collée !

mijoter (verbe). Mijoter, c'est faire cuire un plat tout doucement à petit feu. Le pot-au-feu mijote dans la marmite.

Bienvenue au marché du dimanche !
FRUITS ET LÉGUMES
CRÈMERIE
CHARCUTERIE

BOUCHERIE
BOULANGERIE
POISSONNERIE

milk-shake (nom masculin). Le milk-shake est une boisson froide préparée avec du lait. En anglais, « milk » veut dire « lait » et « to shake », « secouer ».

Comptine recette
Le milk-shake des îles

Verse du lait dans un grand verre,
en le remplissant aux deux tiers.
Ajoute une pêche coupée en morceaux,
une cuillérée de miel et une pincée de noix de coco.
Mélange le tout, et place dessus, avant de te régaler,
une boule de sorbet à la mangue orangée !

mille-feuille (nom masculin). Le mille-feuille est un gâteau fait avec des couches de pâte feuilletée garnies de crème.

mirabelle (nom féminin). La mirabelle est une petite prune jaune. Elle pousse sur un arbre qui s'appelle le mirabellier. Avec les mirabelles, on fait des tartes et de la confiture.

moudre (verbe). Moudre, c'est écraser des grains pour les transformer en poudre ou en farine. On moud les grains de café et les grains de céréales*.

mouillette (nom féminin). La mouillette est un bâtonnet de pain que l'on trempe dans un œuf à la coque.

moutarde (nom féminin). La moutarde est une plante à fleurs jaunes. Avec ses graines, on fabrique un condiment* à la saveur piquante, que l'on sert souvent avec de la viande.

mouton (nom masculin). Le mouton est un animal que l'on élève pour sa laine et pour sa viande. Le jeune mouton est un agneau. Avec le lait de la femelle, la brebis, on fait du fromage.

mûr, mûre (adjectif). Un fruit mûr est un fruit qui est bon à récolter. Quand un fruit n'est pas mûr, il est dur et acide*.

mûre (nom féminin). La mûre est un petit fruit noir qui pousse sur les ronces. Avec les mûres, on fait de la confiture et de la gelée.

myrtille (nom féminin). La myrtille est un petit fruit bleu nuit. Elle pousse dans les montagnes sur des arbrisseaux. Avec les myrtilles, on fait des tartes, de la confiture et du sirop.

N n n

Bon anniversaire, Blanche-Neige !

Que vont donc offrir les sept nains,
à Blanche-Neige, de si bon matin ?
Un macaron, des bottines vernies ?
Des nougats, des décalcomanies ?
Non voyons, que nenni, mes petits amis !

Que vont donc offrir les sept nains,
à Blanche-Neige, de si bon matin ?
De la porcelaine, un lapin de garenne ?
Des noisettes, une robe à longue traîne ?
Non voyons, que nenni, mes petits amis !

Les sept nains fripons
vont offrir à leur reine,
un mignon petit bonnet de laine !
Bon anniversaire Blanche-Neige !

navet (nom masculin). Le navet est un légume blanc et violet qui ressemble à un gros radis. On mange sa racine cuite dans le pot-au-feu.

nectarine (nom féminin).
La nectarine est une pêche à la peau lisse. Son noyau se sépare facilement de la pulpe*.

noisette (nom féminin). La noisette est un petit fruit marron recouvert d'une coque dure. Elle pousse sur un arbre qui s'appelle le noisetier. Les noisettes font partie des fruits secs : elles se conservent longtemps, comme les noix et les amandes. Avec les noisettes, on fait de l'huile et du nougat.

noix (nom féminin). La noix est un fruit à coque dure qui pousse sur un arbre appelé le noyer. Avec les noix, on fait de l'huile.

noix de cajou (nom féminin).
La noix de cajou est un fruit qui ressemble à une grosse cacahouète. On la cultive surtout en Inde, au Brésil et en Afrique. Les noix de cajou se servent à l'apéritif.

A B C D E F G H I J K L M N O P Q R S T U V W X Y Z

noix de coco (nom féminin). La noix de coco est le fruit du cocotier, un palmier qui pousse dans les pays chauds. Sa coque dure contient un lait végétal délicieux. Avec la noix de coco râpée, on fait des gâteaux et des glaces.

L'embarcation de Tom Pouce

Quand Tom Pouce part en croisière,
il ne monte pas à bord d'un paquebot,
il vogue, léger comme une bouée sur la mer,
dans une demie noix de coco !

noix de muscade (nom féminin). La noix de muscade pousse sur le muscadier, un arbre d'Indonésie. Sous sa coque, elle cache un fruit dur et gros comme une olive. On le râpe pour donner du goût à la purée de pommes de terre et à la sauce béchamel*.

nouille (nom féminin). Les nouilles sont des pâtes en forme de lanières minces et plates. On les cuit dans beaucoup d'eau salée.

nourrir (verbe). Nourrir, c'est donner à manger. Se nourrir, c'est manger. On doit bien se nourrir pour bien grandir (voir pages 94/95).

nourrissant, nourrissante (adjectif). Un aliment nourrissant calme la faim et donne des forces.

Les fruits, ça calme les p'tits creux !

Pour les p'tits creux, il n'y a pas mieux :
une pomme verte, c'est juteux et croquant,
un pamplemousse rose, c'est rafraîchissant,
et deux bananes dorées, c'est aussi nourrissant,
qu'un pain au chocolat et un croissant !

nourriture (nom féminin). La nourriture, c'est ce que l'on mange.

noyau (nom masculin). Le noyau est la partie dure cachée dans le fruit. Il contient une graine.

Des noyaux de toutes sortes

Le noyau de l'avocat
est plus gros qu'un œuf de pigeon,
le noyau de la pêche
est rugueux comme un tronc,
le noyau de la cerise
est dur comme un caillou,
et le noyau du litchi
brille comme un bijou !

A B C D E F G H I J K L M N O P Q R S T U V W X Y Z

Oscar l'ogre costaud

Oscar, l'ogre costaud,
pèse plus de trois cents kilos.
– Saperlipopote, saperlipopette !
Quelle horreur, je suis bien trop gros,
je ne rentre plus dans ma salopette,
ni dans mon joli maillot !

Oscar, l'ogre costaud,
fait un régime aussitôt.
– Saperlipopote, saperlipopette !
Adieu le saucisson, terminé les lardons,
plus jamais de rôti, fini les cacahouètes,
ça donne un trop gros bidon !

Oscar, l'ogre costaud,
a perdu cent trois kilos.
– Saperlipopote, saperlipopette !
Donnez-moi vite onze côtelettes,
douze sandwichs à la mimolette,
et la plus énorme des omelettes !

œuf (nom masculin). L'œuf, c'est ce que pondent les femelles oiseaux et poissons. L'œuf de poule est composé d'une coquille, d'un blanc et d'un jaune. On le mange à la coque, dur, au plat, brouillé ou en omelette. Les œufs de poule sont bien plus gros que les œufs de caille, et bien plus petits que les œufs d'autruche. Les œufs de certains poissons servent à faire le tarama et le caviar.

oie (nom féminin). L'oie est un oiseau de la basse-cour. On l'élève pour déguster sa viande rôtie et pour faire des rillettes.

oignon (nom masculin). L'oignon est une plante. On utilise son bulbe et sa tête charnue pour parfumer les plats. Les oignons peuvent être blancs, jaunes ou rouges. Leur odeur forte et piquante fait verser des larmes quand on les épluche. Pour éviter de pleurer, il faut les couper en morceaux sous l'eau du robinet avant de les éplucher. L'oignon sert à parfumer les plats, les salades et à faire de délicieuses tartes salées et des soupes servies avec des croûtons.

La reine pleure

Dans le jeu de cartes
de Marie-Agathe,
la reine de carreau pleure.
Pourtant, le roi de cœur
l'aime avec bonheur !
Si la reine sanglote,
et si ses yeux la picotent,
c'est que Marie-Agathe
a épluché des pleines bottes
d'oignons et d'échalotes,
avant de jouer à la belote,
sans se laver les menottes !

olive (nom féminin). L'olive est un petit fruit ovale vert qui devient noir quand il est mûr. Les olives poussent sur un arbre des régions ensoleillées qui s'appelle l'olivier. Avec les olives, on fait de l'huile et de la tapenade. On les mange vertes ou noires.

omelette (nom féminin). L'omelette est un plat préparé avec des œufs battus et cuits dans une poêle. On y ajoute souvent du jambon, du fromage ou des champignons.

orange (nom féminin). L'orange est plus grande que ses cousines les mandarines et les clémentines. Louis XIV aimait s'en régaler. Près de son château de Versailles, il fit construire une orangerie, local où on abrite les orangers pendant l'hiver. En pressant le jus de l'orange, on fait de l'orangeade.

Chamailleries

- Inutile de me pousser !
dit l'orange d'un ton agacé,
à l'impatient citron pressé.
- Du calme, tu es givrée !
dit le citron à l'orange glacée.

ortie (nom féminin). L'ortie est une plante qui pique la peau dès qu'on la frôle. Pour en faire de la soupe, il faut la cueillir avec des gants. Une fois cuite, l'ortie ne pique plus.

Comptine recette
La soupe de sorcière

Fais valser à gros bouillons,
dans un grand chaudron,
5 pleines poignées d'orties,
et 3 pommes de terre et demie.
Quand le tout sera bien cuit,
ajoute 3 cuillerées bien remplies
de crème fraîche, et puis aussi
1 pincée de sel
et 8 croûtons rassis !

P p p

Le pain du Petit Poucet

Pour ne pas perdre son chemin,
dans la profonde forêt de sapins,
le Petit Poucet a semé
des miettes de pain grillé.
Mais, picoti, picotons,
les pigeons les ont picorées,
lèvent les plumes et puis s'en vont !

Pour ne pas perdre son chemin,
dans la profonde forêt de sapins,
le Petit Poucet a éparpillé
des miettes de pain au lait.
Mais, picoti, picotons,
les pinsons les ont picorées,
lèvent les pattes et puis s'en vont !

Alors, le Petit Poucet a semé,
des noyaux de pêches par poignées,
et les pauvres pigeons et pinsons
se sont fait piéger pour de bon !

paella (nom féminin). La paella est une recette venue d'Espagne. Elle est faite avec du riz cuit dans une grande poêle où mijotent du poisson, des crustacés, de la viande et des légumes. En espagnol, « paella » veut dire « poêle ».

pain (nom masculin). Le pain est un aliment fait avec de la farine, de l'eau, du sel et de la levure. En France, le pain vedette, c'est la baguette. Le pain au chocolat est fourré d'une barre de chocolat. Le pain aux raisins contient des raisins secs (voir pages 16/17).

pain d'épice (nom masculin). Le pain d'épice est un gâteau fait avec de la farine de seigle, du miel et des épices*.

Boris le pain d'épice

Quand mon ami Boris,
le bonhomme en pain d'épice,
fait une partie de tennis,
il prend sa raquette en réglisse
et ses petites balles toutes lisses,
pas plus grosses que des grains de cassis !

pamplemousse (nom masculin). Le pamplemousse est un gros fruit jaune de la famille des agrumes*. Sa pulpe* au goût amer* est jaune ou rose. Il pousse sur un arbre qui s'appelle le pamplemoussier. En Asie, on le cultive depuis plus de 4000 ans. On le déguste souvent au dessert, et parfois en entrée.

pané, panée (adjectif). Un aliment pané est recouvert de chapelure* et frit à la poêle. On peut faire des escalopes panées ou du poisson pané.

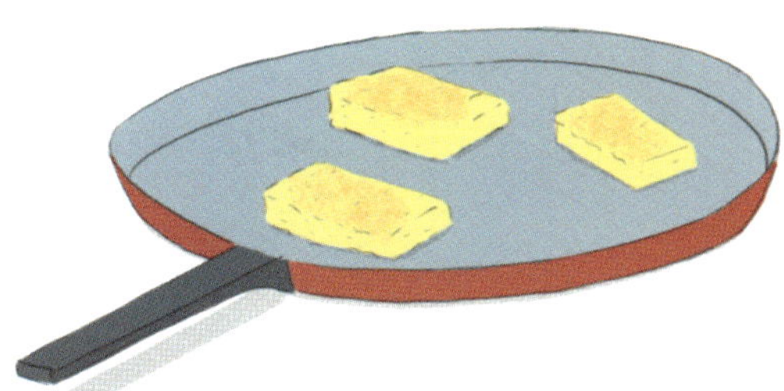

A B C D E F G H I J K L M N O **P** Q R S T U V W X Y Z

papaye (nom féminin). La papaye est un fruit des pays chauds. Elle ressemble à une poire et sa chair est orange.

papillote (nom féminin). **1.** Un aliment en papillote est cuit au four dans un morceau de papier d'aluminium. Souvent, on fait du poisson en papillote. **2.** La papillote, c'est aussi le nom d'une friandise que l'on mange à Noël et qui est enveloppée dans du papier brillant.

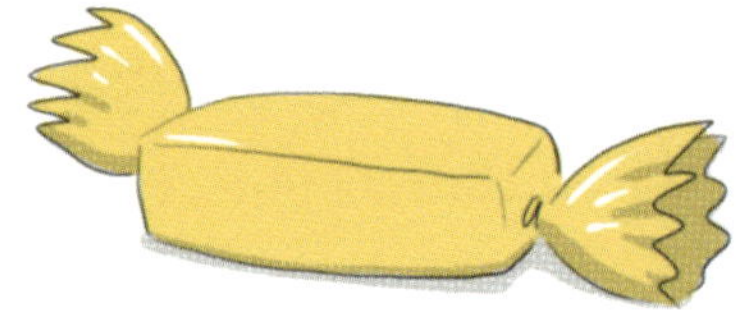

pastèque (nom féminin). La pastèque est un gros fruit ovale ou rond qui pousse dans les pays chauds. Sa peau est verte et sa pulpe est rose. Gorgée d'eau, la pastèque est très rafraîchissante.

pâte (nom féminin). **1.** La pâte est un mélange de farine et d'autres ingrédients*. Elle sert à faire du pain, des gâteaux ou des crêpes. Il existe différents types de pâte : la pâte sablée, la pâte brisée, la pâte feuilletée. **2.** Les pâtes, ce sont des aliments préparés avec de la semoule de blé. Longues comme les spaghettis ou petites comme les coquillettes, les pâtes ont toutes sortes de formes. On les mange après les avoir fait cuire dans de l'eau bouillante.

La princesse des pâtes

Que mange la princesse italienne,
dans sa belle bâtisse romaine ?
Des kilos de pâtes, pardi !
Du lundi au jeudi, elle savoure des raviolis,
le vendredi, elle déguste des macaronis,
le samedi, elle se régale de cannellonis,
le dimanche midi, elle dévore des spaghettis,
et le dimanche soir, que mange-t-elle ?
Du vermicelle et des tagliatelles !

pâté (nom masculin). Le pâté, c'est de la viande ou du poisson hachés parfois enveloppés d'une croûte de pâte. On cuit le pâté au four et on le sert froid.

pâtisserie (nom féminin). **1.** Les pâtisseries sont des gâteaux. Les éclairs et les tartes sont des pâtisseries. **2.** La pâtisserie, c'est l'art de cuisiner les gâteaux, mais aussi le nom du magasin où ils sont vendus.

Les petits pâtés du pâtissier

Quand il est en vacances, c'est incroyable !
Paolo, le pâtissier, fait des pâtés de sable,
en forme d'éclairs, de religieuses et de croissants.
– Toutes ces pâtisseries, c'est vraiment trop tentant !
disent les mouettes, en mangeant les miettes.

pêche (nom féminin). La pêche est un fruit qui a une peau douce comme du velours. En Chine, elle est connue depuis plus de 3000 ans. Les pêches poussent sur un arbre qui s'appelle le pêcher.

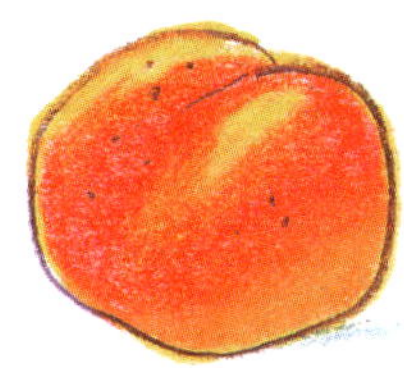

pelure (nom féminin). La pelure est la peau d'un fruit ou d'un légume que l'on a épluché. On dit aussi une épluchure.

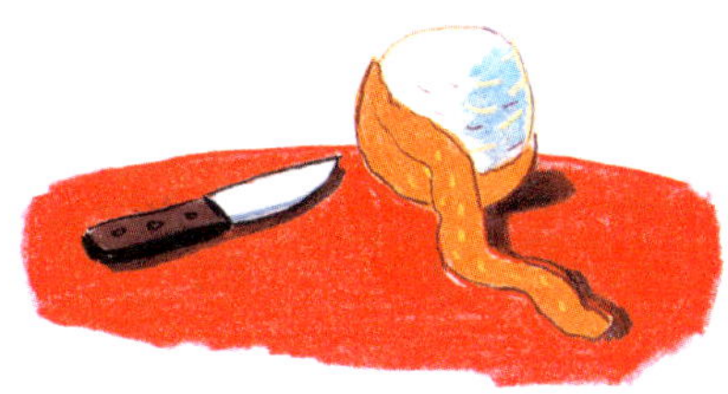

pépin (nom masculin). Les pépins sont les petites graines que l'on trouve dans certains fruits. Le raisin et la pomme ont des pépins.

petit-déjeuner (nom masculin). Le petit-déjeuner est le premier repas de la journée.

petit-four (nom masculin). Les petits-fours sont des gâteaux miniatures sucrés ou salés. Ils ont la même forme que les grands.

petit pois (nom masculin). Les petits pois sont des graines vertes rondes comme des perles. Ils sont enfermés dans une gousse*. Avec les haricots verts, les navets et les carottes, les petits pois servent à faire de la jardinière.

La princesse au petit pois

Qu'y a-t-il donc sous les matelas en pile,
de la jolie princesse fragile ?
Ni une mappemonde, ni une belle bille ronde,
ni un potiron, ni un melon tout rond.
Il y a juste un tout petit pois,
bien plus minuscule qu'une coque de noix !

petit-suisse (nom masculin). Le petit-suisse est un fromage frais au lait de vache. Il a la forme d'un petit cylindre blanc.

pièce montée (nom féminin). La pièce montée est un grand gâteau formé de choux à la crème disposés en pyramide. À son sommet, il y a parfois des figurines représentant un marié et une mariée, car elle est souvent servie au dessert pour les mariages.

Le gâteau des amoureux

Du haut de leur pièce montée,
les petits mariés se sont envolés,
sur un avion en nougatine,
qui vole et fait des loopings,
pour rejoindre dans le ciel,
une exquise lune de miel !

piment (nom masculin). Le piment est un fruit des régions chaudes. Son goût fort et épicé peut brûler la langue.

pique-nique (nom masculin). Le pique-nique est un repas que l'on mange en plein air. Quand il fait beau, on fait souvent des pique-niques.

pistache (nom féminin). La pistache est le fruit d'un arbre qui s'appelle le pistachier. Il donne des graines vertes cachées dans une coque dure. Avec les pistaches, on fait des glaces et du nougat. On les sert aussi salées à l'apéritif.

pizza (nom féminin). Le mot « pizza » vient de l'italien et veut dire « galette ». La pizza est souvent garnie de tomates, d'olives, de fromage, de jambon ou d'anchois. La pizzeria est le restaurant où l'on sert des pizzas. Le pizzaiolo est le cuisinier qui les prépare.

plat (nom masculin). **1.** Un plat, c'est l'élément principal du repas, que l'on mange entre l'entrée et le dessert. **2.** C'est aussi est une sorte de grande assiette dans laquelle on sert les aliments.

poire (nom féminin). La poire est un fruit jaune ou vert, qui a la forme d'une grosse goutte. Elle pousse sur un arbre qui s'appelle le poirier. On peut la croquer crue ou en faire des tartes.

poireau (nom masculin). Le poireau est un légume. Sa partie blanche, appelée le bulbe, se développe dans la terre, comme l'oignon. À la surface, ses longues feuilles vertes grandissent au soleil. On le mange en soupe ou à la vinaigrette.

poisson (nom masculin). Les poissons sont des animaux au corps couvert d'écailles. Les poissons d'eau douce nagent dans les rivières et les lacs. Les poissons d'eau salée vivent dans la mer et les océans. La poissonnerie est la boutique où l'on vend du poisson, des crustacés et des coquillages (voir pages 118/119).

Sabine préfère Léo

Simon, le saumoneau,
aime Sabine, la sardine.
Mais Sabine préfère Léo,
le gentil cabillaud.
Pour Simon, c'en est trop !
Le pauvre poisson verse des larmes salées,
qui font déborder la marée !

poivron (nom masculin). Le poivron est une sorte de piment doux. C'est un fruit que l'on consomme comme un légume, et qui peut être vert, rouge ou jaune. Les poivrons se mangent crus dans les salades, cuits dans la ratatouille* ou farcis comme des tomates.

pomme (nom féminin). La pomme est l'un des plus vieux fruits connus au monde. Il en existe des milliers de variétés. Elle peut être jaune et rouge comme la pomme reinette, verte comme la pomme granny-smith ou jaune comme la golden. Elle pousse sur un arbre qui s'appelle le pommier. Les pommes se croquent crues ou se mangent cuites, en tarte, beignet ou compote. Pressées, elles servent à faire du jus et du cidre.

En Normandie...

En Normandie, il y a une prairie,
dans cette prairie, il y a un pommier fleuri,
dans ce pommier fleuri, il y a une pomme d'api,
et dans cette pomme d'api, il y a un vermisseau rigolo !

pomme de terre (nom féminin). La pomme de terre est un légume. Ses parties bombées qui poussent sous la terre sont des tubercules. Découverte en Amérique du Sud, elle fut longtemps jugée tout juste assez bonne pour nourrir les cochons. Personne n'osait la goûter, même en période de famine.
Mais en 1773, Antoine Augustin Parmentier, un pharmacien, eut l'idée de faire pousser les pommes de terre dans un grand champ, qu'il fit garder par les soldats du roi. Intrigués, les paysans attendirent la nuit pour venir piller les plantations. Ils goûtèrent en cachette les pommes de terre et les trouvèrent fameuses ! Depuis, on en mange partout dans le monde, et on en fait des frites et de la purée.

pop-corn (nom masculin invariable). Le pop-corn est fait de grains de maïs grillés et éclatés à la chaleur. On les mange sucrés ou salés. Ce mot vient du verbe anglais «to pop», qui veut dire «éclater», et de «corn», qui signifie «maïs».

Les chapeaux cornets

Les chapeaux pointus des sorcières,
c'est bien pratique, tralalilalère !
On en fait des pochettes-surprises,
pour verser des poignées exquises
de pop-corn et de chocolat,
que l'on grignotera au cinéma !

La grande parade des poissons

Les poissons de rivière

La carpe frétille dans les rivières.
On la mange souvent farcie.

Le brochet est vorace et vit dans les lacs et les rivières, où il dévore des poissons, des grenouilles et même des canetons. Il sert à faire de délicieuses quenelles.

Les poissons de mer et de rivière

Les anguilles ressemblent à des serpents.
Adultes, elles peuvent mesurer plus d'un mètre de long.
Avant d'arriver jusqu'à nos rivières, il leur faut des années pour traverser l'immense océan Atlantique.
Puis, elles font le voyage à l'envers, pour retourner pondre là où elles sont nées. Les anguilles se dégustent souvent grillées.

Le saumon à une chair rose. Il quitte les mers pour venir pondre dans les rivières. Quand il est jeune, il porte le nom de saumoneau. Le saumon se sert grillé ou fumé.

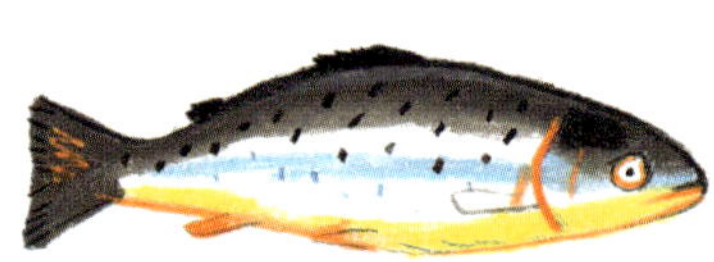

La truite appartient à la même famille que le saumon.
Beaucoup de truites vivent dans les rivières et les torrents. D'autres nagent en pleine mer. On déguste souvent la truite cuite au four avec des amandes.

Les poissons de mer

L'**anchois** est minuscule. On le déguste sur les pizzas.

La **dorade** a une chair fine qui cache beaucoup d'arêtes. On peut la manger cuite au four ou farcie.

Le **hareng** ressemble à une grosse sardine. Les filets de harengs marinés se mangent avec des pommes de terre à l'huile.

La **morue** est aussi appelée cabillaud. Elle sert à préparer la brandade.

La **raie** a un corps aplati. Ses grandes nageoires forment des ailes à la chair savoureuse. On les déguste souvent cuites dans du beurre.

La **sardine** est toute petite et a des écailles argentées. Les sardines se mangent grillées.
On les conserve aussi en boîte dans de l'huile.

La **sole** est plate et ses deux yeux sont du même côté.
On la mange en papillote, ou meunière, c'est-à-dire au beurre.

Le **thon** a une chair blanche ou rouge. On le mange cuit au four ou à la poêle. On l'achète aussi en boîte.

La **limande** est ovale et très plate. Comme la sole, elle a les deux yeux du même côté.

Le **maquereau** a le dos vert et bleu zébré de noir. Il ressemble à une grosse sardine.

porc (nom masculin). Le porc est un mammifère rose, gris ou noir à la queue en tire-bouchon. On l'élève pour sa viande, qui est vendue comme charcuterie. En saucisson, en saucisse, en jambon ou en jambonneau, il peut se cuisiner de la tête aux pieds. On l'appelle aussi le cochon. Les religions juive et musulmane interdisent de le manger.

Où se trouve le jambon ?

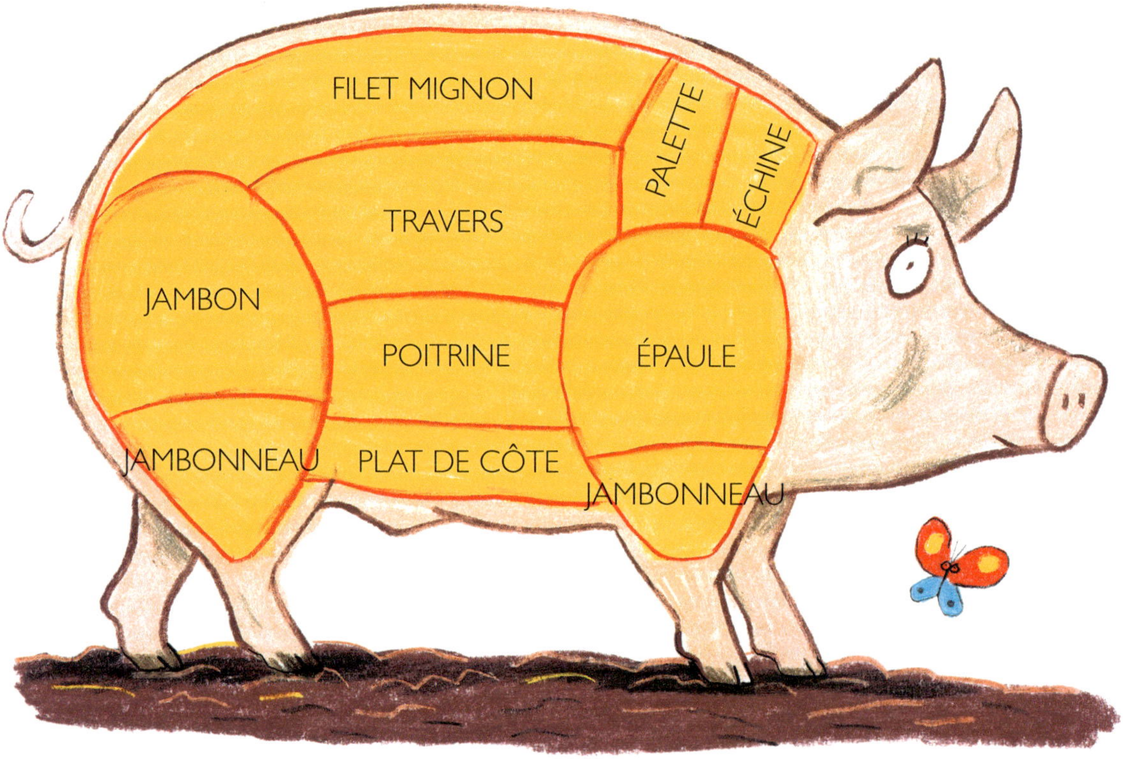

potable (adjectif). L'eau potable peut être bue. Elle n'est pas dangereuse pour la santé.

potage (nom masculin). Le potage est une soupe faite avec du bouillon et des légumes coupés en morceaux.

pot-au-feu (nom masculin). Le pot-au-feu est un plat fait avec de la viande de bœuf, qui a bouilli avec des carottes, des pommes de terre et des navets.

Bouillon de mots

Pot-au-feu, feu follet,
lait de coco, coq en pâte,
pâte à chou, chouchouter,
thé de Chine, chinoiserie,
riz au lait, lait en pot,
pot-au-feu !

potiron (nom masculin).
Le potiron est un fruit que l'on consomme comme un légume. Ce cousin de la citrouille peut peser jusqu'à cent kilos ! On en fait de la soupe, de la purée et des tartes.

poule (nom féminin). La poule est un oiseau de la basse-cour. On l'élève pour sa chair et ses œufs.

Les petites poules commerçantes

Au marché de La Rochelle,
j'ai vu une poule qui vendait de la vaisselle.
Au marché de Menton,
j'ai vu une poule qui vendait des santons.
Au marché de Marseille,
j'ai vu une poule qui vendait des corbeilles.
Seule la petite poule du marché de Saint-Quentin
vend ses œufs fraîchement pondus du matin !

poulet (nom masculin). Le poulet est une jeune poule ou un jeune coq. On le mange souvent rôti à la broche.

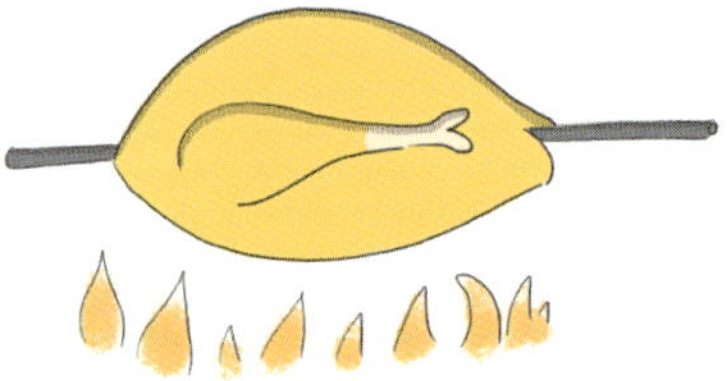

presser (verbe). Presser un fruit, c'est le serrer très fort de manière à en extraire le jus. Pour presser un citron ou une orange, on utilise un presse-agrume.

profiterole (nom féminin). Les profiteroles sont des petits choux fourrés de glace à la vanille et recouverts de chocolat chaud.

Quelle chaleur !

« Que se passe-t-il, ça brûle,
c'est la grande canicule !
se plaignent les profiteroles,
soudain noyées sous la lave folle,
d'un volcan de chocolat qui dégringole. »

prune (nom féminin). La prune est un fruit qui cache un noyau. Elle pousse sur un arbre qui s'appelle le prunier. Les prunes peuvent être jaunes, vertes ou violettes, et rondes comme les mirabelles ou ovales comme les quetsches.

pruneau (nom masculin). Le pruneau est une prune qui a été séchée au four ou au soleil. Avec les pruneaux, on fait du far, une sorte de flan.

pudding (nom masculin). Le pudding est un gâteau venu d'Angleterre qui est servi surtout à Noël. On le prépare avec de la farine, des œufs, des raisins secs et des épices*.

pulpe (nom féminin). La pulpe d'un fruit est la partie tendre et juteuse qui se trouve sous sa peau.

purée (non féminin). La purée est un plat préparé avec des légumes cuits et écrasés, comme les pommes de terre ou les carottes. On peut aussi faire de la purée de fruits.

La purée paysage

Sur la purée de pommes de terre,
ma fourchette trace des rails,
où le beurre coule et déraille,
avant de finir sa course en rivière,
au pied d'une toute petite gousse d'ail !

Banquet sur la banquise

Sur la banquise, quand le temps est frisquet,
la reine des neiges organise un banquet.

Pour ses phoques taquins,
ses ours blancs coquins,
la reine des neiges mijote
un magnifique festin
de soupe de crevettes
et d'ailerons de requins.

- Merci reine des neiges, quel succulent banquet !
Vous êtes trop exquise, et vous méritez bien,
quatre-vingt-quatre mille bises !

quatre-quarts (nom masculin). Le quatre-quarts est un gâteau fait avec le même poids de farine, de beurre, d'œufs et de sucre.

quenelle (nom féminin). La quenelle est un petit rouleau de pâte préparé avec du poisson ou avec de la viande, des œufs et de la mie* de pain. On fait par exemple des quenelles de brochet.

quetsche (nom féminin). La quetsche est une prune à la peau violette. On la mange crue ou on en fait des tartes.

quiche (nom féminin). La quiche est une tarte salée faite avec des œufs et de la crème. Dans la quiche aux légumes, on met souvent des poireaux. Dans la quiche lorraine, on ajoute des lardons.

quignon (nom masculin). Le quignon est un morceau de pain dur. On dit aussi un croûton.

Croque-moi tout de suite !

Tout rassis, le quignon s'ennuie.
Il veut voir du pays et me dit :
« Si tu me croques, je m'en moque !
Si tu me mords, je suis d'accord !
Du haut de tes amygdales,
crois-moi, ce sera génial,
je plongerai comme un champion,
dans ton petit ventre rond ! »

R r r

Rusé renard

Cric, crac, croc !
Rusé renard, pour le réveillon d'hier,
qu'as-tu dévoré dans ta sombre tanière ?

Cric, crac, croc !
Pour mon repas, je n'ai pris ni radis,
ni raclette, ni régalant rôti !
Non ! Non !

Cric, crac, croc !
Pour mon repas, j'ai dévoré
un Petit Chaperon vert pas mûr,
avec quelques œufs durs !

Cric, crac, croc !

raclette (nom féminin). La raclette est un plat venu de Suisse. On fait fondre des tranches de fromage dans des petites poêles, que l'on accompagne de pommes de terre et de charcuterie.

Le gang des souris

Dans la grande crèmerie,
du Nord-Est de Paris,
le gang des souris a encore sévi :
il a volé un camembert,
deux meules de gruyère,
du fromage à raclette
et dix kilos de mimolette !
Il va falloir mettre sur l'affaire,
Max La Moustache,
le meilleur chat policier
de tout le quartier !

radis (nom masculin). Le radis est un légume dont on croque la racine avec du beurre et du sel.

ragoût (nom masculin). Le ragoût est un plat que l'on prépare avec des morceaux de viande et des légumes cuits ensemble dans une sauce.

raisin (nom masculin). Le raisin est un fruit. Ses grains noirs ou blancs sont réunis en grappes. En les pressant, on fait du jus de raisin ou du vin. On peut aussi mettre les grains à sécher pour en faire des raisins secs*.

râper (verbe). Râper, c'est réduire un aliment en petits morceaux avec une râpe. On râpe du gruyère et des carottes.

A B C D E F G H I J K L M N O P Q R S T U V W X Y Z

rassis, rassise (adjectif). Le pain rassis et la brioche rassise ne sont plus frais, ils commencent à durcir.

ratatouille (nom féminin). La ratatouille est un plat provençal préparé avec des tomates, des courgettes, des aubergines, des oignons et des poivrons cuits dans de l'huile d'olive.

Ratatouille chantante

Si les courgettes jouaient des castagnettes,
si les aubergines jouaient de la mandoline,
et si les poivrons jouaient de l'accordéon,
ma ratatouille provençale
chanterait comme à la chorale !

ravioli (nom masculin). Les raviolis sont des petits carrés de pâte* farcis de viande hachée, de légumes ou de fromage. Ce plat vient d'Italie.

recette (nom féminin). Une recette indique la façon de préparer un plat et donne la liste de tous les ingrédients* nécessaires à sa réalisation (voir pages 130/131 et 152/153).

La recette des bonnes recettes

Pour réussir de parfaites recettes,
à vos toques et à vos tabliers,
et à vos marques, prêts, partez !
Il vous faut : des casseroles et des chaudrons,
des kilos de gourmandise et d'imagination,
des ingrédients succulents,
des délices crus, des délices cuits,
sans oublier à l'arrivée,
un solide appétit !

réchaud (nom masculin). Un réchaud est un petit appareil qui sert à cuire ou à réchauffer des plats. Les campeurs utilisent un réchaud à gaz.

réfrigérateur (nom masculin). Un réfrigérateur permet de conserver les aliments ou les boissons au froid, pour qu'ils se gardent plus longtemps.

se régaler (verbe). Se régaler, c'est manger ou boire avec grand plaisir quelque chose de bon.

religieuse (nom féminin). La religieuse est un gâteau fait de deux choux, un petit et un gros, posés l'un sur l'autre et fourrés de crème au chocolat ou au café.

Une petite prière sucrée

La religieuse dit au baba au rhum :
– Filons vite voir le pape à Rome
pour la fête de Pâques que voilà,
nous lui porterons des cloches en chocolat !

repas (nom masculin). Le repas est la nourriture que l'on mange chaque jour à une certaine heure. Dans une journée, il y a quatre repas : le petit-déjeuner le matin, le déjeuner à midi, le goûter l'après-midi et le dîner le soir. Il est très important de prendre un bon petit-déjeuner, pour prendre des forces et ne pas grignoter à longueur de journée. Comme ça, on a faim au moment des vrais repas !

Des recettes pour toute l'année !

Janvier

Vive la galette des Rois
et les boules de neige !

La recette vedette du mois : la salade d'hiver aux noix

Coupe des endives dans un saladier. Ajoute 1 cuillérée d'huile, du jus de citron, 1 pincée de sel et des cerneaux de noix.

Février

Vive Mardi gras
et les crêpes !

La recette vedette du mois : les crêpes cadeaux

Tartine des crêpes avec de la confiture de fraise et ajoute des rondelles de banane. Roule tes crêpes, puis attache-les avec 1 bout de réglisse pour faire des mini-paquets cadeaux !

Mars

Vive le retour
du printemps !

La recette vedette du mois : les radis au tarama

Lave les radis. Fends-les en 4, et farcis-les avec du tarama.

Avril

Vive les poissons d'avril
et les œufs de Pâques !

La recette vedette du mois : les brioches petits nids

Coupe le chapeau des mini-brioches. Creuse les brioches et casse 1 œuf dans chacune d'elle. Saupoudre les œufs avec du fromage râpé. Remets les chapeaux et demande à un adulte de faire cuire les brioches 10 minutes au four.

Mai

Vive la fête des mères!

La recette vedette du mois : les brochettes surprises

Enfile sur des piques à brochettes des tomates cerises, des olives et des carrés de mimolette.

Juin

Vive les fruits et le retour de l'été!

La recette vedette du mois : les brochettes sucrées

Enfile sur des piques à brochettes des fraises, des bouts de melon et des carrés de pain d'épice.

Juillet

Vive les grandes vacances et les feux d'artifices !

La recette vedette du mois : les tomates de la mer

Coupe le chapeau des tomates. Creuse les tomates pour retirer leur pulpe. Puis, farcis-les avec un mélange de fromage blanc et de thon.

Août

Vive les moissons et les nuits remplies d'étoiles filantes !

La recette vedette du mois : le banana fraise

Épluche 1 banane. Pose-la dans une assiette à dessert. Ajoute 2 boules de glace au chocolat. Arrose le tout avec 1 cuillérée de sirop de fraise.

Septembre

Vive la rentrée des classes, c'est bientôt l'automne !

La recette vedette du mois : les corn-flakes gourmands

Verse 1 poignée de corn-flakes dans un bol de lait. Ajoute des raisins secs, des noisettes décortiquées et 1 cuillérée de miel.

Octobre

Vive la fête d'Halloween et les sorcières !

La recette vedette du mois : les succulentes araignées

Pour chacune des araignées, pique de chaque côté d'un pruneau 4 morceaux de réglisse pour imiter les 8 pattes. Pour les yeux, place 2 perles argentées en sucre sur le haut de chaque pruneau.

Novembre

Vive les plats qui réchauffent, c'est bientôt l'hiver !

La recette vedette du mois : les pommes au four

Retire le trognon des pommes. Pose des tranches de pain d'épice dans un plat à tarte. Place 1 pomme sur chaque tranche. Remplis les pommes avec du beurre et la confiture de ton choix. Laisse-les cuire au four 30 minutes.

Décembre

Vive les fêtes de Noël et du Nouvel An !

La recette vedette du mois : la bûche à la crème de marron

Étale de la crème de marron sur un cake aux fruits pour imiter l'écorce. Puis, saupoudre la bûche de sucre glace pour imiter la neige. Tu peux ensuite la décorer avec des feuilles de houx en plastique !

restaurant (nom masculin). Le restaurant est l'endroit où sont servis des repas.

Le plateau du serveur

Un jus de cassis pour Clarisse,
une assiette de frites pour Edith,
un verre de citronnade pour Jade,
un plat de spaghettis pour Betty,
un jus de tomate pour Agathe,
un verre de grenadine pour Kévin...
S'il veut contenter tous ses clients,
le serveur du restaurant
doit avoir une mémoire d'éléphant !

rhubarbe (nom féminin). La rhubarbe est une plante à longues tiges roses et vertes au goût acide*. On la mange cuite, en compote ou sur des tartes.

rillettes (nom féminin pluriel). Les rillettes sont un pâté fait avec des petits morceaux de viande de porc, d'oie ou de canard cuits dans leur graisse.

risotto (nom masculin). Le risotto est une recette venue d'Italie. C'est un mélange de riz que l'on fait rissoler avec des oignons, puis que l'on cuit dans du bouillon. Dessus, on ajoute souvent du parmesan.

rissoler (verbe). Faire rissoler un aliment, c'est le cuire dans de l'huile ou du beurre pour qu'il devienne doré. On fait rissoler des pommes de terre dans la poêle.

riz (nom masculin). Le riz est une céréale* qui pousse dans des champs baignés d'eau, les rizières. Dans les pays d'Asie, le riz remplace le pain. En Chine, on le cultive depuis plus de 6000 ans. En France, il pousse en Camargue. Le riz peut se manger salé ou sucré, comme le riz au lait.

Les grains de riz ne rient pas

Les jours de mariage, quel souci,
pour les jolis petits grains de riz,
lancés sur le parvis de la mairie !
Sitôt la cérémonie terminée,
les oiseaux viennent les picorer !
Alors, aujourd'hui, samedi,
pour échapper aux becs dorés
des merles affamés,
deux fugueurs petits grains de riz
ont sauté dans la voiture des mariés !

rosbif (nom masculin). Le rosbif est un rôti de bœuf. Après l'avoir fait cuire au four, on le coupe en tranches et on le déguste avec des haricots verts ou des frites.

rôti (nom masculin). Le rôti est un morceau de viande que l'on a fait rôtir au four ou dans une cocotte.

rôtir (verbe). Rôtir, c'est cuire à feu vif. Le poulet est souvent rôti à la broche.

Les sœurs sorcières

Samantha et Sonia,
les sœurs sorcières,
sentent le vieux gruyère.
Pour le superbe bal de samedi,
impossible de sortir ainsi !

Mais comment faire sa toilette,
sans baignoire, ni serviette ?
Les sœurs sorcières
versent dans leur soupière,
du sirop de fraise qui mousse,
et du jus de pamplemousse.

Depuis, c'est super,
elles ne sentent plus la serpillière !
Samantha sent le sorbet aux fruits,
et Sonia colle comme du sucre candi.
C'est sûr, au superbe bal de samedi,
chacune d'elles sera élue…
Miss sucrerie !

sablé (nom masculin). Le sablé est un petit biscuit rond.

salade (nom féminin). **1.** La salade est une plante dont on mange les feuilles. **2.** La salade, c'est aussi un plat de légumes ou de fruits. En entrée, on sert souvent de la salade de tomates. En dessert, on peut manger de la salade de fruits : c'est un mélange de fruits coupés en morceaux.

laitue

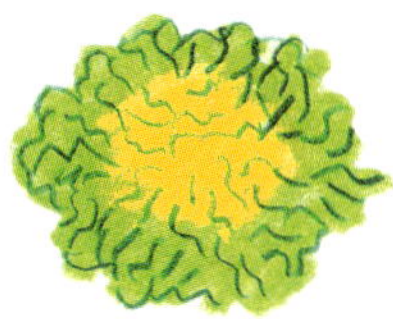

frisée

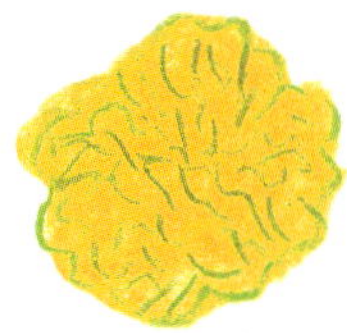

batavia

cresson

mâche

roquette

salami (nom masculin). Le salami est un gros saucisson sec que l'on coupe en tranches. Ce mot vient de l'italien «salame», qui veut dire «chose salée».

salé, salée (adjectif). Un aliment salé contient du sel qui lui donne du goût.

salsifis (nom masculin). Le salsifis est un légume dont on mange la longue racine. On prépare les salsifis en gratin, avec de la béchamel*.

Les légumes râleurs

– Ça suffit ! dit le salsifis.
– C'en est trop ! dit le poireau.
– Je n'en peux plus ! dit la laitue.
– J'en ai marre ! dit l'épinard.
Le cuisinier leur coupe la parole,
et hop, les plonge dans la casserole !

sandwich (nom masculin). Le sandwich est composé de deux morceaux de pain garnis de viande, de charcuterie, de crudités ou d'autres délices. C'est en 1762, qu'un Anglais, lord Sandwich, lui a donné son nom. Ce passionné de jeux de cartes fut le premier à se faire préparer des sandwichs, qu'il pouvait déguster sans interrompre sa partie et sans se salir les doigts.

sauce (nom féminin). La sauce est une préparation liquide plus ou moins épaisse, que l'on sert pour accompagner certains plats. La vinaigrette, la mayonnaise et la béchamel* sont des sauces.

saucisse (nom féminin). La saucisse, c'est de la viande hachée en morceaux, qui est mise dans une peau très fine pour former un petit rouleau.

saucisson (nom masculin). Le saucisson est une sorte de grosse saucisse. On le mange froid en entrée, coupé en rondelles.

Les trois tirelires

Ce matin, trois jeunes cochons,
craignant de finir leur vie en saucissons,
se sont sauvés de la ferme à petits bonds.
Mais chemin faisant, tout à coup,
ils ont croisé le renard et le loup !
De peur d'être réduits en rillettes,
et en dizaines de brochettes
par les deux goinfres filous,
les trois jeunes cochons malins comme tout
se sont transformés en tirelires à petits sous !

sec, sèche (adjectif). Un aliment sec ne contient plus d'eau. Les légumes et les fruits secs ont été séchés pour se conserver plus longtemps. Les noisettes et les pruneaux font partie des fruits secs.

sel (nom masculin). Le sel donne du goût aux aliments. On s'en sert tous les jours, mais d'où vient-il ?

La récolte du sel

Le sel se trouve en grande quantité dans l'eau de mer. Celle-ci en contient 35 grammes par litre.
On le récolte dans les marais salants, des bassins bordant les mers : sous le soleil, l'eau chauffe et s'évapore, laissant sur le sol des tonnes de sel, qu'il n'y a plus qu'à récolter !

Des mines de sel

On récolte aussi le sel sous la terre, dans des mines, là où, il y a des milliers d'années, la mer recouvrait les terres. Disparue depuis longtemps, l'eau de mer a laissé derrière elle des blocs de sel durs comme de la pierre.

Quand le sel valait de l'or

Autrefois, il n'y avait pas de congélateur pour garder les aliments. On conservait la viande et le poisson en les salant dans des tonneaux de bois. Le sel avait alors une grande valeur. On payait souvent avec du sel. Voilà pourquoi le mot salaire vient du mot sel.

Du gros sel et du sel fin

Les gros cristaux portent le nom de gros sel. Le sel réduit en poudre s'appelle le sel fin.

A B C D E F G H I J K L M N O P Q R S T U V W X Y Z

seigle (nom masculin). Le seigle est une céréale*. Dans les champs, il est reconnaissable à ses épis recouverts de longs poils. Avec ses grains gris, on fait de la farine. Le pain de seigle a une mie foncée. Tartiné de beurre salé, il accompagne souvent les huîtres.

semoule (nom féminin). La semoule est un aliment constitué de grains de blé ou d'autres céréales*. Elle sert à faire le couscous*.

sirop (nom masculin). **1.** Le sirop est un jus épais et très sucré, fait avec des fruits ou des plantes. On le boit mélangé à de l'eau pour se rafraîchir. **2.** Le sirop du pharmacien, lui, calme la toux.

Poissons d'avril !

Si les vagues étaient du sirop d'abricot,
si le sable était en noix de coco,
et si les coquillages étaient en nougat,
les fraîches sardines qui frétillent
deviendraient des poissons d'avril,
en praline et en chocolat !

siroter (verbe). Siroter une boisson, c'est la boire à petites gorgées.

soda (nom masculin). Le soda est une boisson sucrée, souvent à l'orange ou au citron, qui est faite avec de l'eau pétillante et du sirop de fruit.

soja (nom masculin). Le soja est une plante venue d'Asie. Dans la cuisine chinoise, on utilise ses pousses croquantes pour faire des salades. Avec les graines de soja, on fait aussi de l'huile.

sorbet (nom masculin). Le sorbet est un dessert glacé. Contrairement aux glaces, il ne contient ni lait ni crème. Il est fait avec de l'eau et du jus de fruit.

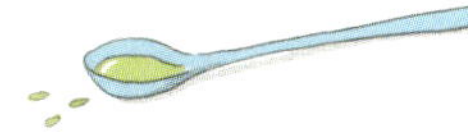

Les sorbets salés de Gaétan

Gaétan, le glacier, invente mille et une recettes glacées.
Ses sorbets à la tomate ont un petit goût de pizza gelée.
Ses sorbets au persil sentent la prairie aux pissenlits.
Et ses sorbets à la violette sentent la forêt sous la pluie !

soufflé (nom masculin). Le soufflé est un plat préparé avec des blancs d'œufs battus en neige, qui gonflent en cuisant au four. Le soufflé au fromage est léger comme un nuage.

soupe (nom féminin). La soupe est un aliment liquide fait avec des légumes cuits dans de l'eau. Elle porte aussi le nom de potage.

À chacun sa soupe !

La soupe aux lentilles, c'est pour les filles !
Le potage aux oignons, c'est pour les garçons !
La soupe aux vers de terre, c'est pour les sorcières !
Et la bouillie au potiron, qui bout à gros bouillons,
c'est pour les bébés dragons !

spaghetti (nom masculin). Les spaghettis sont des pâtes longues et très fines. On les déguste souvent avec de la sauce tomate. Ce mot vient de l'italien « spago » qui veut dire « ficelle ».

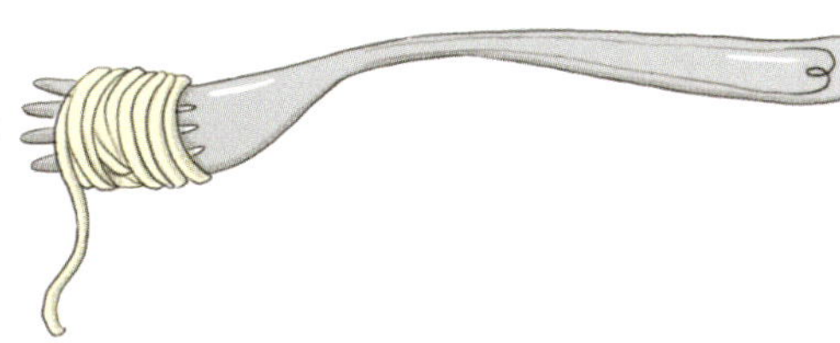

steak (nom masculin). Le steak est une tranche de viande de bœuf, que l'on fait griller à la poêle. On dit aussi un bifteck.

sucre (nom masculin). Le sucre donne un goût très doux aux aliments. C'est la saveur préférée des bébés, des enfants, et même souvent des grands !

La canne à sucre, plante sucrée

Dans les pays chauds, on fabrique le sucre avec une plante qui s'appelle la canne à sucre. Ses tiges sont coupées, broyées et pressées pour en extraire le jus. En faisant cuire cette sorte de sirop, l'eau s'évapore et il ne reste que le sucre.

La betterave, racine à sucre

Dans les pays tempérés comme le nôtre, on fabrique le sucre avec de la betterave. On déterre leurs racines, puis on les découpe en lamelles. On les fait ensuite cuire dans de l'eau chaude, pour en extraire le jus sucré : l'eau s'évapore et on récupère les cristaux de sucre restés au fond des cuves.

Sucre brun et sucre blanc

Le sucre se présente sous plusieurs formes :
- en carrés bruns ou blancs, pour sucrer le café, la citronnade ou d'autres boissons,
- en poudre blanche composée de petits grains pour faire des gâteaux et sucrer les yaourts,
- en poudre blanche fine comme de la farine, le sucre glace, pour saupoudrer les pâtisseries.

Bonbons, biscuits, et compagnie

Le sucre est caché dans les bonbons, les gâteaux, les biscuits, la confiture… On le trouve aussi dans le ketchup et dans de nombreux autres aliments. Le sucre donne de l'énergie, mais gare aux calories et aux caries, il ne faut pas trop en manger !

sucré, sucrée (adjectif). Un aliment sucré contient du sucre et a une saveur douce. La confiture et le nougat sont sucrés.

sucrerie (nom féminin). Les sucreries sont des friandises faites avec du sucre. Elles portent aussi le nom de confiseries.

Au repos les robots !

Jour et nuit, dans l'usine à bonbons,
de monsieur Léon Calisson,
les robots fabriquent des pâtes de fruits.
Mais ce soir, les robots ont dit : «ça suffit»
et ont dévoré toutes les sucreries !

surgelé (nom masculin). Les surgelés sont des aliments qui ont été congelés pour être gardés plusieurs semaines. On les range dans le congélateur.

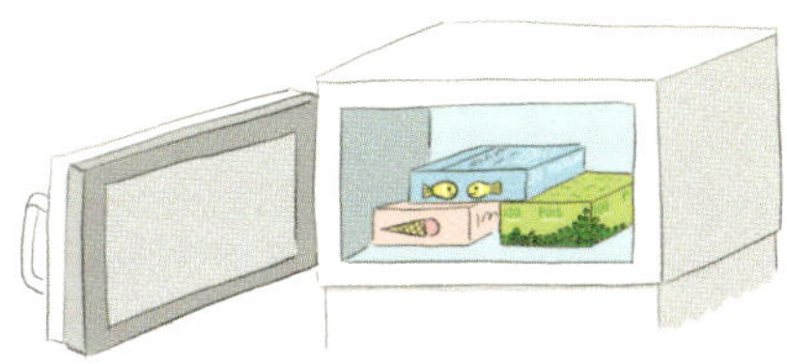

surimi (nom masculin). Le surimi est une pâte faite avec du poisson, que l'on parfume avec du crabe et que l'on vend sous forme de bâtonnets orange. C'est un mot japonais.

sushi (nom masculin). Le sushi est une recette venue du Japon. Un sushi est fait d'une tranche de poisson cru posée sur un petit tas de riz.

T t t

Le palais de tatie Tartine

Dans le palais de tatie Tartine,
les fenêtres sont en nougatine,
les tuiles du toit sont en gaufrettes,
et les portes sont en sucettes.

Dans son château tellement tentant,
tout est en sucre succulent,
sauf ses batteries de brosses à dents,
qui sont en plastique transparent.

Car chez tatie Tartine, on évite les caries !
Après avoir goûté à tant de sucreries,
on brosse nos quenottes charmantes,
avec du dentifrice à la menthe !

taboulé (nom masculin). Le taboulé est une recette qui vient du Liban. On le prépare avec de la semoule de blé, du persil haché ou des feuilles de menthe, des tomates et du jus de citron.

tapenade (nom féminin). La tapenade est une purée d'olives noires ou vertes écrasées avec des anchois et de l'huile d'olive.

tarama (nom masculin). Le tarama est une spécialité grecque. C'est un mélange d'œufs de poisson, de mie de pain, d'huile d'olive et de jus de citron.

tartare (adjectif). Le steak tartare, c'est de la viande de bœuf hachée, servie crue avec un jaune d'œuf. On mange aussi du tartare de saumon, poisson cru servi haché.

Le snack-bar des carabosses

Au snack-bar des sorcières,
un ogre est entré et a hurlé :
« Je veux manger dix steaks tartares
et vingt enfants farcis aux épinards !
Mais comme il n'y en avait pas au menu,
il a dévoré les sorcières toutes crues ! »

tarte (nom féminin). La tarte est un gâteau composé d'un fond de pâte garni de fruits ou de légumes que l'on fait cuire au four. La tartelette est une tarte plus petite, faite pour être mangée par une seule personne.

Des tartes pour chaque métier

Les tartes aux tomates écarlates plaisent aux acrobates !
Les tartes au saumon fumé sont les préférées des pompiers !
Et les tartes aux piments régalent les cracheurs de feu, assurément !

A B C D E F G H I J K L M N O P Q R S T U V W X Y Z

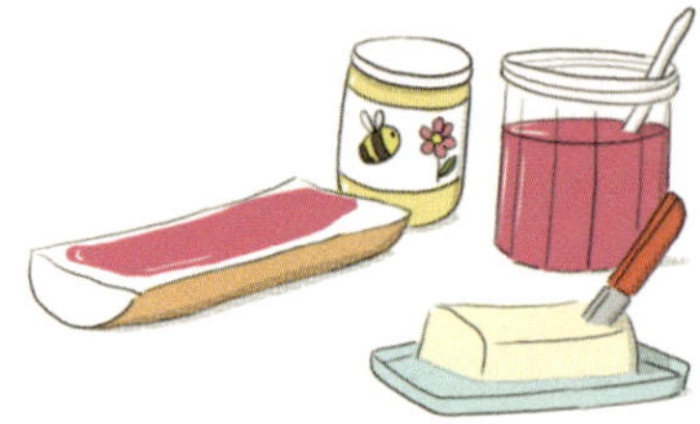

tartine (nom féminin). La tartine est une tranche de pain sur laquelle on étale du beurre, de la confiture, du miel…

tartiner (verbe). Tartiner, c'est étaler un aliment sur une tartine ou une biscotte.

thé (nom masculin). Le thé est une plante venue de Chine. On raconte qu'il y a plus de 4000 ans, un empereur fit bouillir de l'eau dans son jardin. Emportées par le vent, les feuilles d'un petit arbre, le théier, tombèrent dans sa marmite fumante. L'empereur bu cette nouvelle boisson et la trouva délicieuse : le thé était né ! Depuis, on récolte du thé en Afrique et en Asie, et on en prépare aux quatre coins du monde.

tisane (nom féminin). La tisane est une boisson faite avec des plantes que l'on met dans de l'eau bouillante. On dit aussi une infusion. Pour bien dormir, on peut boire une tisane aux feuilles de tilleul.

toast (nom masculin). Un toast est une tranche de pain grillé. On le sert en apéritif, tartiné d'aliments salés, ou on le mange au petit-déjeuner. Ce mot vient de l'anglais.

tomate (nom féminin). La tomate est un fruit que l'on mange comme un légume. Les premières tomates sont venues d'Amérique du Sud. Elles peuvent être rouges ou jaunes, rondes ou ovales, plus grosses que des pêches ou petites comme des cerises. On les mange crues, farcies, en sauce ou même en confiture.

toque (nom féminin). La toque est un haut chapeau sans bord. Les grands cuisiniers portent une toque blanche, pour qu'on les reconnaisse et pour éviter que leurs cheveux tombent dans les plats.

torchon (nom masculin). Le torchon est un morceau de tissu qui sert à essuyer la vaisselle.

La toque et le torchon

Tissu blanc contre tissu à carreaux,
qui donc danse à minuit sur le frigo,
sans jamais se marcher sur les pieds ?
Ce sont la toque et le torchon !

tournesol (nom masculin). Le tournesol est une plante appelée aussi soleil, car ses grandes fleurs jaunes se tournent vers le soleil. Avec ses graines, on fabrique de l'huile et de la margarine.

tranche (nom féminin). Une tranche est un morceau d'aliment coupé fin, sur toute sa largeur. On coupe le jambon en tranches.

trognon (nom masculin). Le trognon est ce qui reste quand on a enlevé ce qui est bon à manger dans une pomme ou une salade, par exemple.

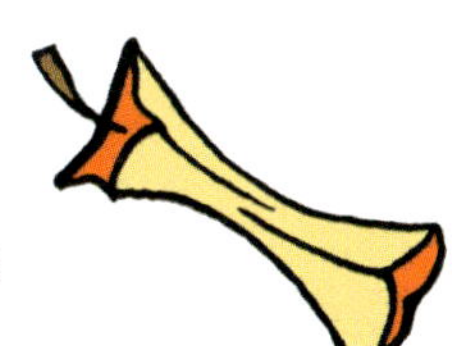

truffe (nom féminin). **1.** La truffe est un champignon rare au goût très fin. Elle pousse dans la terre, en forêt. **2.** C'est aussi une friandise faite avec du chocolat et du beurre.

U u u

Les ustensiles déambulent

Rien ne va plus,
dans l'usine de monsieur Arthur !
Un à un, ses ustensiles partent à l'aventure !

Le couscoussier se sauve dans la rue,
la bouilloire saute par-dessus les talus,
les moules à gâteau prennent le bus,
et la cocotte-minute les rejoint au terminus !

Ça suffit, monsieur Arthur n'en peut plus !
Il court comme un fou dans toutes les avenues,
pour rattraper un à un ses ustensiles disparus !

ustensile (nom masculin). Les ustensiles sont des objets très utiles pour la cuisine.

Le ***casse-noix*** *sert à casser la coque des noix et des noisettes.*

La ***casserole*** *est un récipient dans lequel on fait cuire ou bouillir les aliments.*

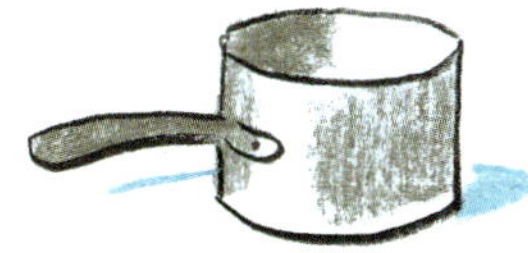

La ***cocotte-minute*** *est une marmite fermée par un couvercle, où l'on cuit les aliments à toute vapeur.*

La ***friteuse*** *électrique est une marmite dans laquelle on met de l'huile pour frire les frites et les beignets.*

La ***louche*** *est une grande cuillère bien utile pour servir la soupe.*

Le ***moule*** *est un objet creux dans lequel on verse de la pâte pour lui donner une forme quand elle cuira.*

La ***passoire*** *est un ustensile percé de petits trous qui sert à égoutter les aliments.*

La ***poêle*** *est un ustensile rond et plat dans lequel on fait cuire les crêpes, les omelettes, les pommes de terre sautées...*

La ***spatule*** *sert à racler la pâte à gâteau dans les plats ou à étaler le chocolat sur un gâteau.*

Le ***mixeur*** *est un appareil électrique qui sert à broyer, hacher et mélanger. Souvent, on passe les légumes au mixeur pour faire de la soupe.*

*L'****ouvre-boîte*** *sert à ouvrir les boîtes de conserve.*

Vogue la vaisselle !

Avez-vous déjà vu ça ?
Quand la baignoire déborde, c'est l'inondation,
c'est un vrai déluge, dans toute la maison !

Vogue la vaisselle !
Dans la cuisine, le vaisselier
se met aussitôt à voguer.

Vogue la vaisselle !
Le vaisselier glisse par la fenêtre,
avec ses verres et ses assiettes.

Vogue la vaisselle !
Le vaisselier plonge dans la rivière,
pour bien vite rejoindre la mer.

Vogue la vaisselle !
Le vaisselier, bercé par les vaguelettes,
voyage jusqu'à Venise, suivi de sa dînette !

Avez-vous déjà vu ça ?

vaisselle (nom féminin). La vaisselle, c'est l'ensemble des objets utiles pour prendre les repas.

*L'**assiette** est un récipient dans lequel on mange.*
Les grandes assiettes servent à manger l'entrée et le plat principal.
Elles peuvent être plates ou creuses, pour contenir la soupe.
Les petites assiettes sont utilisées pour le fromage et le dessert.

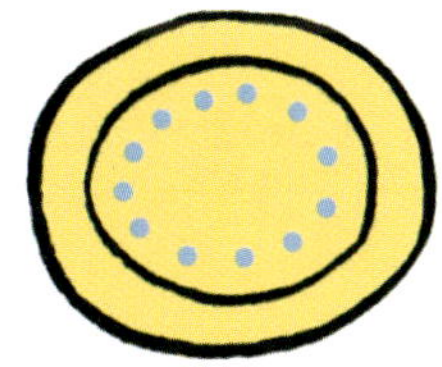

*Le **verre** est un récipient dans lequel on boit.*

*Le **bol** est un récipient rond et creux dans lequel on boit du chocolat chaud, du lait, du café…*

*La **carafe** est un récipient de verre dans lequel on sert l'eau.*

*Le **coquetier** est une petite coupe dans laquelle on place un œuf à la coque.*

*Le **plat** est un grand récipient que l'on utilise pour servir les aliments.*

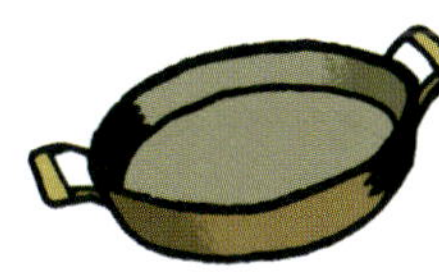

*Le **saladier** est le récipient qui contient de la salade.*

*La **tasse** est un petite coupe munie d'une anse, dans laquelle on peut boire de la tisane, du thé, du café… La soucoupe est la petite assiette qui se place sous la tasse.*

*Le **sucrier** est un petit pot dans lequel on met les morceaux de sucre.*

*La **salière** est un petit flacon muni d'un bouchon percé de trous dans lequel on met du sel.*

*La **poivrière** est un petit flacon muni d'un bouchon percé de trous dans lequel on met du poivre moulu. On dit aussi un poivrier.*

*La **soupière** est un plat large et profond dans lequel on sert la soupe.*

végétarien, végétarienne (adjectif). Une personne végétarienne ne mange pas de viande.

Bon appétit les végétariens !

Au restaurant végétarien,
on mange vraiment plus que bien !
On accourt de France et de Navarre,
pour y déguster des chips d'épinard,
des frites de carottes et de courgettes,
et des brochettes de pommes reinettes !
À la grande table, j'y ai même surpris
un géant dévorant douze sorbets au kiwi,
et un ogre affamé déguisé en pompier,
se régalant de bananes flambées !

vermicelle (nom masculin). Les vermicelles sont des pâtes en forme de fils très minces que l'on met dans la soupe.

viande (nom féminin). La viande est la chair des animaux que l'on mange. Le boucher vend de la viande de bœuf, de mouton et de veau. Le charcutier vend de la viande de porc.

viennoiserie (nom féminin). Les viennoiseries, ce sont par exemple les croissants, les pains au chocolat, ou les pains aux raisins, que l'on achète dans les boulangeries et que l'on mange au petit-déjeuner ou au goûter.

vin (nom masculin). Le vin est une boisson faite avec du jus de raisin qui est mis dans des tonneaux pendant plusieurs mois. Il peut être rouge, blanc, ou rosé et contient de l'alcool.

A B C D E F G H I J K L M N O P Q R S T U V W X Y Z

vinaigre (nom masculin). Le vinaigre est un liquide au goût acide* fabriqué avec du vin, du cidre* ou de l'alcool. On le mélange à l'huile pour faire la vinaigrette.

Le mariage du vinaigre

Aujourd'hui, monsieur Ambroise,
le vinaigre de framboise,
se marie avec mademoiselle Juliette,
l'huile si fine de noisette.
Quand ils auront un petit, quelle fête :
ils l'appelleront Vinaigrette !

vinaigrette (nom féminin). La vinaigrette est une sauce faite avec de l'huile et du vinaigre qui sert à assaisonner la salade.

vitamine (nom féminin). Les vitamines sont des substances indispensables pour la santé. Beaucoup d'aliments en contiennent.

On classe les vitamines par des lettres :

- *La* ***vitamine A*** *donne une bonne vision et une belle peau. On la trouve dans les abricots, les carottes, le beurre et les jaunes d'œufs.*

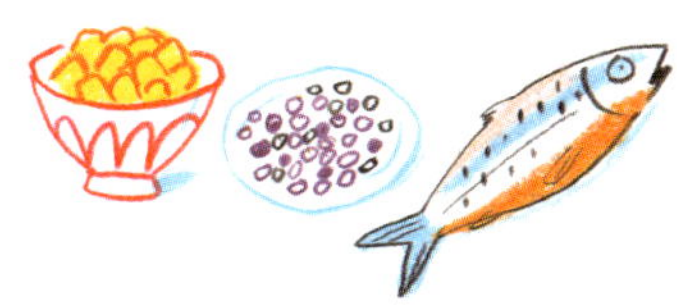

- *La* ***vitamine B*** *aide à faire travailler la mémoire et fait pousser tes ongles et tes cheveux. On la trouve dans les céréales, les lentilles et le saumon.*

- *La* ***vitamine C*** *permet de lutter contre les microbes et la fatigue. On la trouve dans les oranges, les citrons, les kiwis, le cassis, les poivrons et le persil.*

- *La* ***vitamine D*** *rend les os solides. On la trouve dans les laitages, les sardines et le thon.*

- *La* ***vitamine E*** *aide le cœur à fonctionner. On la trouve dans l'huile de noix, le cacao en poudre et la noix de coco fraîche.*

Voyageons dans nos assiettes !

Goûter des recettes venues de tous les pays, c'est faire avec les papilles un voyage exquis !

Recette grecque : le tzatziki

Ingrédients pour 4 personnes :
1 concombre, 4 yaourts grecs, 1/2 citron, de l'huile d'olive.

1. Épluche le concombre.
2. Râpe-le au-dessus d'une passoire. Ajoute 2 pincées de sel et laisse-le rendre son eau pendant 1 heure.
3. Verse le concombre bien égoutté dans un saladier. Ajoute les 4 yaourts, le jus du demi-citron pressé et 2 cuillérées à soupe d'huile d'olive.
4. Mélange le tout. Place ton tzatziki au réfrigérateur pendant 30 minutes avant de le servir bien frais en entrée.

Recette marocaine : salade d'oranges à la cannelle

Ingrédients pour 4 personnes :
8 oranges, 1 petite bouteille d'eau de fleur d'oranger, de la cannelle en poudre, du miel liquide, 1 bouquet de menthe

1. Pèle les oranges en retirant la peau blanche.
2. Sépare les quartiers de chaque orange et répartis-les dans 4 assiettes creuses.
3. Verse sur chaque assiette 2 cuillérées à soupe de miel et 1 petite cuillérée d'eau de fleur d'oranger, puis saupoudre de cannelle.
4. Décore les assiettes avec quelques feuilles de menthe bien lavées. C'est un dessert délicieux !

Recette chinoise : le soja gourmand

Ingrédients pour 4 personnes :
500 grammes de germes de soja frais,
1 grande boîte de crevettes
décortiquées, 1 grosse poignée de cacahouètes
décortiquées, de la mayonnaise,
1 bouteille de sauce au soja, 1/2 citron,
1 bouquet de coriandre fraîche,
du sucre en poudre.

1. Rince les germes de soja dans une passoire.
2. Verse-les dans un grand saladier. Ajoute les crevettes égouttées, 2 cuillérées de mayonnaise, 1 cuillérée de sauce au soja, le jus du demi-citron et une pincée de sucre.
3. Mélange le tout.
4. Émiette des cacahouètes sur la salade et décore-la de quelques feuilles de coriandre.

Recette russe : les blinis farcis

Ingrédients pour 4 personnes :
12 petits blinis, 1 betterave rouge cuite,
1 pot de crème fraîche, du sel.

1. Coupe la betterave en morceaux dans une assiette creuse.
2. Écrase la betterave à la fourchette pour en faire une purée.
3. Ajoute 4 cuillérées à soupe de crème fraîche et une pincée de sel.
4. Tartine chaque blini avec la crème de betterave, puis place 1 blini par-dessus pour former de délicieux sandwichs farcis !
   Tu peux les servir pour l'apéritif ou en entrée.

W w w

Whaouh, à chacun son sandwich !

Le sandwich au gouda,
c'est pour Wanda !

Le sandwich au gruyère,
c'est pour Walter !

Le sandwich au salami,
c'est pour Willy !

Le sandwich aux radis,
c'est pour Wendy !

Et le sandwich aux rillettes d'oie ?
Whaouh, celui-là,
il est pour moi !

wok (nom masculin). Le wok est une grande poêle profonde. On l'utilise dans la cuisine chinoise pour faire sauter des légumes.

X x x

L'élixir d'Alex

Tout là-haut, bien loin des oiseaux,
dans l'immense galaxie,
Alex, l'extraterrestre, se réjouit,
en préparant un cocktail exquis.

Tout là-haut, Alex agite dans son shaker,
son elixir exceptionnel,
qui boum ! soudain, en un éclair,
explose aux quatre coins du ciel.

Tout là-haut, le cocktail d' Alex si exquis
coule en fontaine dans la galaxie,
par-dessus les fusées scintillantes
et les centaines d'étoiles filantes.

Aussitôt,
c'est extraordinaire,
il pleut sur toute la Terre !

xérès (nom masculin). Le xérès est un vin blanc venu d'Espagne. Avec cette boisson, on fabrique un excellent vinaigre.

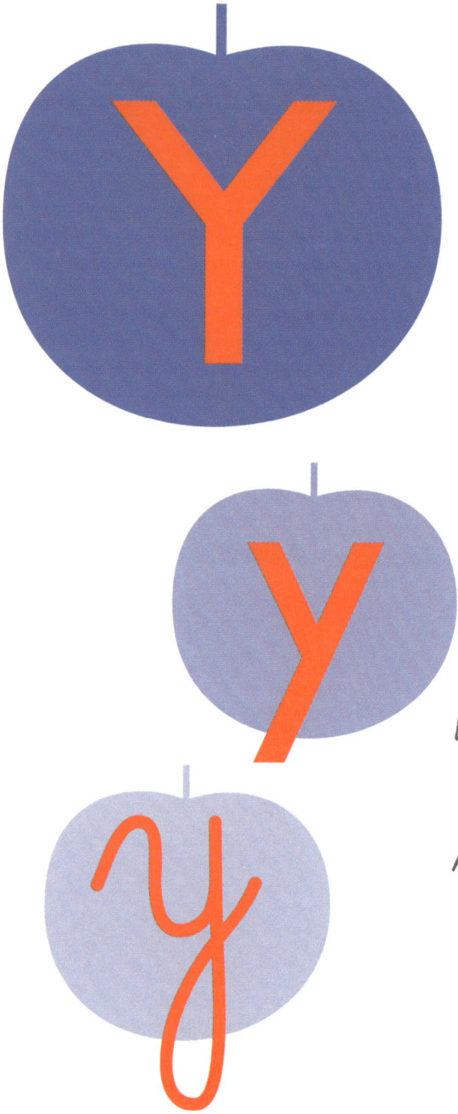

Pas de yaourt pour la princesse Yolaine !

Chaque matin, à bord de son yacht royal,
la princesse Yolaine se régale :
elle boit un jus de goyave,
et déguste trois yaourts aux fruits,
apportés par son fidèle serviteur Tanguy.

Mais ce matin, il a eu une panne d'oreiller !
Ni jus de goyave fraîchement pressé,
ni plateau avec ses yaourts aux fruits !
Dans son yacht, la princesse Yolaine se languit
et attend son petit-déjeuner jusqu'à midi !

Alors, cet après-midi, pour se faire pardonner,
Tanguy a vite apporté à la princesse Yolaine
son goûter, ses papayes et ses madeleines,
servis, youpi, bien avant l'heure du dîner,
pour qu'elle ne soit pas fâchée !

yaourt (nom masculin). Le yaourt est un aliment fait avec du lait. Il peut être nature ou aux fruits. Au rayon des produits laitiers, on le trouve en petits pots ou en bouteilles à boire. On écrit aussi yogourt.

Z z z

Haut les mains, plus un zeste !

Enzo, le zeste de citron pressé,
aime jouer au super policier.
Il s'empresse de zozoter
au zeste d'orange acidulé :
– Haut les mains, plus un zeste,
ou pas de pitié, ze t'arrête !

Le zeste d'orange acidulé
ne se laisse pas impressionner !
Il zozote aussitôt à Enzo,
le zeste de citron qui en fait trop :
– Arrête de semer ta zizanie,
ou ze te fais prizonnier à vie !

zeste (nom masculin). Le zeste est le petit morceau d'écorce[Y] d'un agrume[Y]. En pelant une orange ou un pamplemousse, on peut faire un zeste long comme un serpentin. On peut mettre des zestes d'orange dans la compote ou dans la mousse au chocolat pour les parfumer.

L'origine des fruits et des légumes

La tomate, la pomme de terre, la citrouille et l'abricot ne sont pas nés dans nos jardins ! Avant d'être découverts par les grands navigateurs qui les ramenèrent en Europe, la majeure partie des fruits et des légumes que nous mangeons aujourd'hui poussaient bien loin de nos terres.
Voici où ils ont probablement poussé pour la première fois, il y a des milliers d'années…

En Afrique, là où sont nés les premiers hommes, on mangeait beaucoup de plantes qui ne sont plus cultivées aujourd'hui.

L'abécédaire des délices

ABCDEFGHIJKLMNOPQRSTUVWXYZ
Dans l'épicerie,
les petites souris,
apprennent l'alphabet,
à leurs amis sucrés-salés.
Mais que de chahut,
sous les choux joufflus,
le poivre éternue
et le chocolat fond !
Crac ! Ils ont oublié le «C» !
ABCDEFGHIJKLMNOPQRSTUVWXYZ

ABCDEFGHIJKLMNOPQRSTUVWXYZ
Dans l'épicerie,
les petites souris,
apprennent l'alphabet,
à leurs amis sucrés-salés.
Mais quelle pagaille,
sous les gousses d'ail,
le fenouil s'embrouille
et la citrouille cafouille !
Flûte ! Ils ont oublié le «F» !
ABCDEFGHIJKLMNOPQRSTUVWXYZ

Dépôt légal n° 85432 - mars 2007
Achevé d'imprimer en France par Clerc s.a.s.